Gerd Lüpke · Wunnerlich Wiehnachten

Gerd Lüpke

Wunnerlich Wiehnachten

Verlag Michael Jung
Kiel

Einbandzeichnung: Kurt Schmischke
Autorenfoto: Michael Jung

Der Verlag hat die plattdeutsche Schreibweise
vom Autor unverändert übernommen.

1. Auflage 1994

Gesamtherstellung:
Hans Kock Buch- und Offsetdruck GmbH, Bielefeld
ISBN 3-929596-07-5

WUNNERLICH WIEHNACHTEN

Hilligabend wier schön wäst. Nameddags harr ick den Dannenboom anputzt, dorna wieren wi in de Kark wäst. Gägen Abend brennten denn de Lichter, un lütt Geschenken leegen unner den Boom.

Annern Dag künnen wi dat kommodig angahn laten, un dat harr Gäusbraden gäben, wona de Minsch ja ümmer sünnerlich gaud tau Meddag slapen kann.

Mi güng dat sowiet gaud, man blot: ick steek in mienen besten Antog, orrnlich mit Slips un griese West. Dat mag ick eigens gor nich, öwer tau de Festen kennt mien Fru dor keinen Pardon. Man liekers wier ick sowiet taufräden, indäm wi einen sünnerlich gauden Buddel Wien up den Disch tau stahn harren. De Schämerlamp up de hölten Wandburt geew gemütlich Licht, un in de Ecken von de Stuw spälte de Halfschadden von de Wiehnachtslichter. Wi freugten uns all up den Tweiten Fierdag, denn wullen wi na uns Dochter un ehren Mann in Brämen führen.

Mien Glas wier leddig, ick langte na den Buddel up de anner Siet von den Disch, dor geew dat upmal son lütten Knacks: von mien gaude West wier ein Knoop afsprungen. Wi dükerten beid unner den Disch, söchten em ok unner de Bäukerwand un dat Grammefonschapp — öwer de Knoop wier weg, wier afslut nich weddertaufinnen, wat wi ok krupen un säuken deeden.

Nu wier dat öwer ein sünnerlich apartig Knoop, nich einfach man glatt un rund, un wi wullen ja doch an den annern Wiehnachtsdag verreisen!
Öwer disse Situatschon müßten wi nu ja nadenken, un somit schenkte ick tau Vörsicht iersteins ein nieges Glas Wien in. Ick säd dorbi so biwäglang, ick künn de West denn ja weglaten orrer gor'n annern Antog antrecken. Man dor wull mien Fru nix von weiten! Nee, na'n langen Sluck säd se: „Ick heff ja den groten Knoopbüdel von Mudder noch! Mit Hunnerte von Knööp. Dor sall woll ein bi sien."
Mien Fru stünn up, güng los un halte den Büdel, den Swiegermudder noch sülben tausamenneiht harr. He wier recht ut groff, gries Linnen, baben mit'n dünnen Band tau'n Tautrecken. Dat he all wat öller wier, künn ein em gaud anseihn. Öwer sowat smitt de Minsch ja nich weg. Vör allen denn nich, wenn de Minsch 'n Fru is. In den ollen Büdel wieren noch Knööp in, de miehr Johren up den Puckel harren as wi. Wenn Knööp öwerhaupt'n Puckel hebben. Swiegermudder harr alls sammelt, wat rund wier un as'n Knoop utseeg.
So schürrte mien Fru alls, wat in den Knoopbüdel in wier, up den Disch, un dat würd'n heil bunten Hümpel. Gräune un brune Knööp, grote un lütte, ut Hurn un Holt, weck ok mit'n sülwern orrer gor mit'n gülden Rand. Poor wieren vierkantig, anner oval, de wecken blänkerten, indäm

se ut Perlmutt wieren. Knööp för Westen un Jacken leegen up de Dischplatt, för Kleeder un Mantels un Büxen.
Mien Fru keek öwer all de Knööp hen as son General up dat Exerzierfeld. Denn nehm se einen Knoop in de Hand, de wier mit blagen Stoff öwertrocken. „Kiek doch, Gerd!“ reep se mit’n lütten Grientje, „dat is ja noch ein von mien blages Kleed, wat ick as jung Mäten anharr! As ick Silvester bi Tant Frieda in Hamborg wier! Harr allerhand Geld kost’t, dat Kleed. Un wier naher väl tau dünn för den Winter ... Un disse hier! Du, de is noch von dat Kleed, wo ick mit insägent bün! Ganz witt wier dat, üm den Hals ’n lütten Kragen un gor’n Sleuf üm de Taille. Dor möten wi noch’n Bild von hebben. Wo de oll Fotograf, de einen ümmer anfaten deed, mi up henstellt harr as son Schaufinsterpopp!“
Denn rullte ’n brunen Ledderknoop von den Disch unner den Blaumenstänner. „Dor laat em man liggen“, säd mien Fru, „de is noch von de BDM-Kledderwest.“ Nee, nich an denken ... Mien Fru nehm denn ok fix den mattschämern Knoop mit den smallen gülden Rand in de Hand. Dor kreeg se recht blanke Ogen bi. „Nu kiek doch mal!“ reep se un höl mi dat gaude Stück unner de Näs, „de is von mien ierst Abendkleed, wat ick 1939 noch tau Wiehnachten krägen harr! Ganz lang un ut düsterblagen Samt! Ick heff mi dor ümmer mit de Fäut in vertüdert — jung Diern, de ick wier. Dat Kleed harr ick all, vördat

wi friegen deeden, Gerd. Un du hest dat ümmer so giern lieden mücht.“

Ja, dat harr ick woraftig, un ick wüßt ok noch, dat mien Fru dunn'n ganzen dichten, swartbrunen Hoorkranz öwer den Kopp harr, wat ehr so gaud stahn deed. Un dat ick ahnwäten stolt up se wier, wenn se dat lange Kleed mit de mattschämern Knööp anharr.

Denn öwer kreegen wi all beid up einmal de blagwitten Knööp tau faten, wo sogor noch drei Stück von dor wieren. De hürten tau den korten, karierten Rock, wo de Bein von mien Fru so gaud in tau seihn wieren. Wat harr se man einmal för dulle Bein! Un so lang as de wieren! Wi hebben dor ok noch'n Foto von, wo mien Fru baben up de Steintrepp von ein Villa an'n Wald steiht. Dat harr ick mit in'n Krieg hatt, all de Johren — un ick heff dit Foto von mien Fru in den karierten Rock hüt noch!

Dor füng mien Fru an tau purren un leet nich na. Ick müßt dat oll Album halen, wat all mit in Polen un Frankriek, in Italien un in Rußland wäst wier — un dor harren wi dat wedder vör uns liggen: dat Bild von mien lachen jung Fru baben up de Steintrepp. Öwer dor backten noch miehr Biller in dat dünne Pappbauk, von uns ierst lütt Wahnung, von Verwandte un Frünnen un von de Stadt Vorel, so as se dunn wier. Fief Kriegsjohr seeten in dat Album, wat all meist uteinannerföl. Wat harren wi dor man alls öwer tau vertellen! Un ick harr tau Vörsicht noch'n anner, väl dicker

Album mitbröcht, ut de ierst Tiet na den Krieg. Wi güngen rein unner in de ollen Tieden! „Hier, kiek!“ un „Dat is ja ok wohr!“ un „So is dat wäst! Hier is't tau seihn!“
De Tiet flög man so hen, wi harren ja so väl tau kieken un tau räden. Ick müßt noch'n tweiten Buddel Wien ut den Keller halen. Un denn föl uns ümmer wedder wat nieges Olles in, un dat würd'n ganz langen Abend . . .
Annern Dag, an den Tweiten Wiehnachtsmorgen, harren wi meist de Tiet verslapen! So keemen wi mit'n bannigen Swung ut de Betten, wieren tau glieke Tiet in de Badstuw taugangen — un denn man rin in de Kledaschen un hen na den Bahnhoff.
Güng denn öwer alls gaud mit uns lütt Reis, de Kinner wieren up den Bahnhoff, un as wi bi ehr tauhus keemen, wier dat Meddagäten all farig. Döchting harr den Disch vörher all mit Blaumen un Dannentwieg' dekeriert, un ut de Radioeck keem sachte Musik. De Perserkater güng uns üm de Bein, wi sett'ten uns an den Disch un wullen uns jüst öwer den knupperig-brunen Puter hermaken, de so wunnerschön rök. Dor säd uns Dochter upmal mit grote Ogen:
„Vadding, an dien West fählt ja'n Knoop!“
Mien Fru un ick, wi keeken uns an — un hebben woll beid in Johren nich son dummerhaftig Gesichter makt as dunn an den Wiehnachtsdag.

BRATAPPEL

Heini un Lena sünd sowat bi söbenzig rüm. Wi kennen uns all langtiet — Lena kümmt ja ut desülwig lütt Stadt in Meckelborg as ick. Heini hett'n orrnlich Pangschon, he wier Beamter bi de Post, un de Kinner sünd verfriegt un all lang ut'n Hus. So läben de beiden in Rauh un Fräden in ehr lütt Vörstadthus, kein föftig Kilometer von uns Stadt weg. Af un an führen wi na ehr hen orrer se kamen bi uns tau Besäuk. Vör allen sünd se ümmer bi uns — dat is all son Ort Traditschon — an den Tweiten Wiehnachtsfierdag tau Kaffe un Abendbrot.

Letzt Wiehnachten wier dat ok wedder so. De beiden führten mit ehr Auto vör, keemen rin un geeben ehr Blaumen bi mien Fru af, so as sick dat hürt: utwickelt, Papier extra. Denn güngen wi tausamen in de gaude Stuw sitten. Dorbi föl mi up, dat Lena ehren Mann ümmer wedder rein bäten verleiwt ankeek — un he seet breit un mastig näben ehr in mienen Lähnstauhl un smustergriente. Ick kreeg dor keinen rechten Klauk in, mien Fru keek ok so gediegen — un dor lachte Lena ok all: „Nu bräkt jug man blot nich den Kopp twei!" Denn füng se an un vertellte ein Wiehnachtsgeschicht, de uns rein neeg güng.

Siet väle Johren all, säd Lena, harr ehr in'n Winter ümmer son lütten Durn in't Hart säten. So taufräden se ok mit ehr Läben wier, öwer denn, un sünnerlich tau Wiehnachten, brök doch ümmer wedder dat Heimweh dörch. Denn müßt Lena an dat Land achter de Ostseedünen denken — un an den schuligen, lütten Buernhoff von ehr Öllern gor nich so wiet weg von de Küst. Üm Wiehnachten leeg dor meist Ies un Snei, un se wier denn mit de Nahwerskinner up de Appelwisch achter dat Hus taugangen. De Gören towten in den Snei, führten Släden un smeeten sick de Sneibäll üm de Uhren. Vör allen öwer: so lang as de Winter Snei gäben deed, stünn ehr groot Sneimann näben den Häuhnerstall. Mit'n dicken Kopp, Kahlenogen, 'n Räubennäs un'n lütten Twieg as Mund. He stütt'te sick up Opa sienen Handstock un harr Vadder sienen ollen Haut up den Kopp. Dat ein Johr harren se em sogor Größing ehr Nachtjack mit de Bläumings antreckt. All de Kinner paßten up, dat ehren Sneimann nix taustöten deed. Föl em ein Arm af, würd em furs wedder ein anbackt. Wenn he in de Wintersünn tausamensacken deed, denn würd näben den Häuhnerstall ein niegen bugt. Nee, de Sneimann hürte för de Kinner tau den Winter un sünnerlich tau Wiehnachten.

Würd dat abends denn düster, güngen de Kinner verklamt in't Hus. Mudding schimpte ümmer son bäten, un se müßten ut de natten Kleeder un Büxen rut. De hüngen denn bunt näbenanner üm den allmächtig groten Kachelaben, de in de Eck von de Wahnstuw stünn. De Aben harr griesgräune, blanke Kacheln, un baben unner de Kamerdeck seet'n Fries von olivgräune Figuren-

platen. De gußiesern Füerklapp unnen stünn meist apen, dor seet ja noch'n tweite, glatte Klapp achter. De wier dünner as de buten — un wenn de Aben so recht bullern deed, würd se gläunig rot. Denn harr Lena ehr Mudder de Lamp utdreiht, un de rode Schien gläuhte dörch de Stuw un leet de Schadden in de Kamerecken upstahn. Baben öwer, in de groot Abenrühr, wo öwer Dag de Kaffekann instünn, dor leegen abends de Bratappel in, Boskopp meist, de harren se sülben. De Appel smurgelten un zirsten vör sick hen un se röken dörch de ganze Stuw. In dissen Kachelaben, sien Warmte, sien rotschämern Licht un sienen Rök na Bratappel — dor leep Lena ehr ganzes Lengen na tauhus in tausamen. An all dat müßt se sünnerlich in de Wiehnachtstiet ümmer wedder denken . . .
Lena makte'n lütt Paus. Wi künnen se sowiet ja gaud verstahn — öwer se seeg doch eigens gor nich bedrüppelt ut ! Ganz in't Gägendeil . . . Man dor güng de Geschicht all wieder.
Poor Wäken vör Wiehnachten harr Lena in't Krankenhus müßt, mit'n braken Bein. Eigens süll se öwer dat Fest noch in de Klinik blieben, man se bröcht den Dokter so wiet, dat de se all an'n Hilligen Abend na Hus leet. Heini harr se an'n fräuhen Nameddag afhalt — un tauhus müßt se iersteins in de Veranda an't Gordenfinster sittenblieben. Se wull leiwer in de Wahnstuw, man Heini stünn as de Erzengel Gabriel dorvör, schüddelte mit den Kopp un säd: „Ierst wenn

bimmelt ward! Ick möt ok den Dannenboom noch upputzen."
De grote Wandklock slög fief, dor würd de Kamerdör upslaten, Heini keem mit de lütt sülwern Bimmel rut un lürrte den Hilligabend in. Dörch de apen Dör künn Lena den Dannenboom seihn, wo de Lichters an brennen deeden. Se stünn up, Heini hülp ehr dorbi, un de beiden güngen sinnig dörch de Dör. Man dor bleew Lena batz stahn! In de Eck von de Stuw stünn ein groot, griesgräun Kachelaben mit'n Figurenfries ganz baben! De Füerklapp unnen wier rotgläunig — de ganze Stuw rök na Bratappel — un näben den Aben stünn ein Wiedenkorw mit Boskopp-Appel!
Heini harr den Kopp son bäten scheifhollen, as he säd: „Heff ick för di setten laten, Lena . . . Ick dacht, dorför führen wi denn taukamen Johr mal nich na Österriek . . . Is di — doch recht . . . ?"
Man Lena stünn as son Pahl in de Stuw un keek mit wiede Ogen up den Kachelaben. Denn sackte se up de Couch, slög beide Hännen vör ehr Gesicht — un de Tranen stört'ten ehr twüschen de Finger rut . . .

— — —

Lena harr utvertellt. Se langte na de Kaffetaß, drünk un lähnte sick trüch. „Twei dicke Bratappel heff ick achtereinanner äten!" säd se, „un hüt ok all." Denn keek Lena mit lachen Ogen ehren Heini an — un wischte em sachten einen Fussel von sienen Jackenarm. Man blot: dor wier gor kein Fussel wäst.

DE NIEGE SLÄDEN

Ribnitz is ’n lütt Stadt an de meckelborgsch Boddenküst. An den groten, vierkantigen Markt liggt up de ein Siet dat mastig Rathus, up de anner de gotisch Stadtkark. Ehr wuchtig Torm mit dat halfrund Babendeil wier fräuher ein Landteiken för de Stüerlüüd buten up See, wo se ehren Kurs na afsetten künnen. Ick heff den Torm sülben poormal von de Schweden-Fähr ut seihn, as ick noch nich wedder rinnerdörft na Meckelborg. — An dat Enn von de Ribnitzer Lang Straat steiht dat Rostocker Dur, ganz ut Backstein bugt. De lütt Boddenhaben hett man Platz för’n poor Scheep. Denn is dor noch de Klosterkark mit den gotischen Chursaal un poor wunnerschön holtsnäden Figuren, de ok all Hunnerte von Johren up den Puckel hebben. Bernsteinmuseum, Kloster un Stadtmuer — dat is’t denn ok all.
Öwer Ribnitz hett ok noch einen Bahnhoff! Süh, un dor wier mien Vadder Vörsteher öwer, un wi wahnten dor ok in. Mien Brauder un ick, wi seegen gor tau giern, mit väl Stolt in’n Bussen, woans Vadding up den Bahnstieg stünn, de Mütz scheif up de dichten, swartbruunen Hoor — un wenn he fläuten deed, denn führte de Tog af na Rostock orrer na Stralsund. Ganz so, as uns Vadder dat wull. Dachten wi.
Dat keem öwer doch nich ümmer so, as Vadder dat hebben wull. Dorbi denk ick an dat ein Wiehnachten in mien Jungstiet vör den groten Krieg.

Ick harr an'n Hilligabend einen Rodelsläden krägen. Ut hellbruun Holt, mit Iesenkufen, as son Kinnersläden so utsüht. Dormit wier ick annern Dag furs na'n Bleicherbarg henwäst. De is sowat bi acht, nägen Meter hoch, un wi künnen dor woll meist föftig Meter an dalrodeln, amenn noch poor Meter miehr. Wiß, männigein bleew dorbi an de Bööm backen — ick sülben heff mi ok mal'n Kneischiew an son stämmig Bäuk tweislagen. Öwer mit mienen niegen Släden güng dat alls gaud. Man blot, dat he eigens na nix utseeg! Ick heff dor abends in't Bett lang öwer nadacht, un annern Morgen wüßt ick wat! Mi wier infollen, dat Vadder ja doch kort vördäm unsen Holtschuppen frisch anmalt harr, in allerhand lüchten Klören, so as Vadding dat giern harr. De Farwpött stünnen noch in de Eck, un dorbi ok poor Pinsels in'n Terpentindos, dat se nich hart würden. Dat keem mi jüst tau paß! Ick kreeg mienen Rodelsläden her un malte em an: de Kufen knallrot, de Holtstäben lüchten gäl, den Sitz in'n satt Blag. Nu geföl mien Släden mi ierst so recht, un an'n Sünndag trök ick dormit wedder na den Bleicherbarg, stolt as son Hahn up den Meß. Ick harr ok väl Anseihn den Dag!

De Jungs reeten ierst Muul un Näs up, as se mienen Släden tau seihn kreegen. Öwer denn keem dat anners, as ick dacht harr. De Bengels wullen sick dotlachen un targten un narrten mi, dat ick rein bös würd. Ick mein: de Jungs, de grötter

wieren as ick, de narrten mi. De lütten kreegen 'n Jackvull un hölen denn dat Muul.
Dat Targen leet nich na bät na'n Abend hen, as dat düster würd un ick na Hus trök. Vadder drünk all sien Sünndagsbier bi Kollinger, in sienen Stammkraug. Mudder nehm mi bisiet un säd, ick süll man fixing tau Bett gahn, iehrer Vadder trüchkeem. Poor Frünnen un Bekannten harren em den Nameddag all mit sienen Söhn un den bunten Släden herhatt — un dat de Lüüd öwer em lachen deeden, dat künn Vadder gor nich af. Öwer wenn ick denn all in't Bett leeg, säd Mudder, denn würd dat Ahnwäder woll för't ierst noch an mi vörbigahn. Ick denn ja ok koppheister in't Bett, Mudding bröcht mi noch poor Bodderbröd, un Vadder leet mi den Abend ok in Fräden.
Annern Morgen bleew ick so lang in't Bett, bät Vadder unnen in sien Bahnhoffsbüro seet, slög mi dat Fräuhstück tau Bost un suuste af na de Schaul. Unnerwägens leep ick Köster Suhr in de Möt, wecker dat Regier in den Heimatverein harr. He wier'n vullwichtigen Mann, un de Lüüd kennten em in de ganze Stadt. He schreew af un an in't Ribnitzer Blatt un makte gor Gedichten! Köster Suhr harr bät den Dag woll gor nich wüßt, dat ick up disse Welt rümleep. Öwer den Morgen nickte he mi tau un strakte mi in't Vörbigahn gor mit de Hand öwer den Kopp. Dat künn ick gor nich begriepen. Öwer denn, in de Turnstunn, nehm Turnliehrer Trahms mi bisiet, „Päuling" nennten wi em. He vertellte sick fründlich wat

mit mi un lachte mi dorbi meist son bäten an. Man he mücht mi doch eigens gor nich lieden! Ick drückte mi ümmer üm dat Turnen rüm, un ick brummte ümmer gräsig twüschen, wenn wi wedder mal sien leiwst Leed singen müßten: „Wohlauf, Kameraden, aufs Pferd, aufs Pferd . . .“ Ok harr ick maleins poor Riemels öwer em makt, un de wieren em in de Hännen follen. Un nu dit! Meddags müßt ick denn ja na Hus un Vadder unner de Ogen gahn. Ick harr mi in mien Säl all mit'n Jackvull affunnen — dor kreeg ick von mienen Vadder twinnig Penning! Ick glöw, dorbi heff ick dat dummerhaftigst Gesicht von mien Läben makt. Man denn kreeg ick tau weiten, woso alle Minschen upmal so gaud tau mi wieren. Uns Zeitungskierl wier bi't Spazierengahn den Dag vörher an den Bleicherbarg vörbikamen un harr mi dor mit mienen bunten Släden runnerführen seihn. Un an den Dag, an wecken ick eigens dat Jack von Vaddern vullkriegen süll, dor stünn dat in't Blatt! Ick harr ja gor nich an dacht, dat de Farben, mit de ick mienen Släden anpinselt harr, dat de taufällig de meckelborgschen Landesfarben wieren: blag-gäl-rot! Un de Zeitungsschriewer harr mi dat hoch anräkent, dat ick so dull an de meckelborgschen Farben hangen deed. Dat wier noch mal rejelle Heimatleiw, harr he schräben. Baben öwer stünn in dicke swarte Baukstaben: „Ein junger Heimatfreund!“ Dor würd mi alls klor: Köster Suhr, Liehrer Trahms un Vadding sien twinnig Penning!

Tjä, dat wier dat ierst Mal, dat de Lüüd mi tau'n Heimatfründ makt hebben. Laterhen is mi dat denn ja ümmer mal wedder taustött. Öwer dunn in de Wiehnachtstiet up den Ribnitzer Bahnhoff heff ick as Jung all liehrt: de Minsch hett väl Gaudes, wenn he rümmerlöppt as'n ankörten „Heimatfreund" !

PÄPERNÖT

Vörrig Johr müßt ick an den Dag vör Hilligabend mit mien Fru noch na Delmenhorst hen, korten Besäuk maken. Wi wieren in Vorel in den Tog von Willemshaben kladdert, de drangen vull wier. Un doch harren wi noch Platz an't Finster krägen. Wi sett'ten uns trecht, de Schaffner fläut'te, un de Lokomotiv trök an. De Reis dörch dat Land güng los, wenn ick ok seggen möt, dat nich alltauväl tau seihn wier. Dat Wäder wier rusig, düster Wulken hüngen deip up Dörper un Feller. Daak leeg twüschen de Bööm, un up den Koppeltuun seeten Kreigen un schüttkoppten öwer son Wäder.

Binnen in den Tog wier öwer fix wat los! In uns Kupee seet'n jung Poor mit twei lütt Kinner. De Jung tellte sowat bi söß Johr un de Diern woll vier. De twei wieren so vergnäugt, dat weck Lüüd all vergrellt Gesichter maken deeden. Öwer Kinner sünd nu mal luut, wenn se vergnäugt sünd — un mien Fru un mi hett dat ok nix utmakt.

Dor kreeg de Jung mit'n Mal 'n lütten linnen Büdel ut sienen Kinnerrucksack. He höl em hoch un vertellte uns, dor wieren Päpernöt in, de harr sien Oma backt. Dat deed se jed Johr in de Adventen. Denn güng de Bengel „up Tuhr", as he säd. Sien Öllern wullen em noch trüchhollen, öwer he wutschte ehr dörch de Hännen as son Aal. He güng van einen Reisenden na den annern, un jederein dörfte in den Linnenbüdel rinlangen. De Päpernöt wieren all'n bäten mör, de wecken gor blot noch Stücken. Man jederein in dat Kupee kreeg ein, nehm ok ein — un jederein säd: „Dank ok schön!"

Wat smeckten de bröckligen Dinger öwer ok gaud! So recht na Größing ehr Rezepten. Den Smack harr ick ja ut mien Jungstiet noch up de Tung.

As de Jung in't Kupee rüm wier, güng he trüch na sien Mudder. De smustergriente nu ok, jüst so as de annern Lüüd. Se kreeg ehr Inhaltasch her un schütt'te den Linnenbüdel noch mal vull mit de brunen Kauken. Man nu wier de Diern an Tuhr. As son lütten Wiehnachtsengel mit lange swartbrun Hoor güng se, nee, se swäwte meist dörch den Middelgang un de annern Kupees. Ok dor kreeg denn jederein sien Päpernöt, wenn dat männigmal ja ok blot 'n halbe wier.

Denn keem de Schaffner un wull de Korten knipsen. Dor stünn de Diern ok all vör em, keek an em hoch un höl em den Päpernötbüdel hen. De Mann mit de Iesenbahnermütz keek twors bäten verbaast, dat harr he woll noch nich hatt. Denn öwerläd he sick de Saak — he weer ja nu mal'n Beamten un dörft eigens nix annähmen. Öwer as de Passaschiers em taunicken deeden, griente he ok — un nehm sick'n Stück. Dat gröttst, wat he griepen künn.

Dorna keem de lütt Diern trüch. De Päpernötbüdel wier leddig, un jederein harr sien Deil afkrägen.

Is för wiß kein grot Saak, de wi dor in de Iesenbahn beläwt harren — öwer ick seih dat alls hüt noch vör mi. De Kinner stünn de helle Freud in't Gesicht, dat se de groten Lüüd wat harren schenken künnt. Ehr Öllern, de ierst bäten verlägen wäst wieren, freugten sick nu ok. Na, un all de Minschen in den Iesenbahnwagen smustergrienten vör sick hen.

Dorbi geiht mi dat upletzt gor nich mal üm de poor tweibraken Päpernöt — nee, dat de Kinner dat öwerhaupt infollen wier! Un dat de Lüüd in den Tog gor nich miehr an den Rägen dacht hebben, de an de Finsterschieben dalpladdern deed — un ok nich miehr an Düster un Daak, de buten twüschen Bööm un Hüüs hungen.

DE BUNTE DANNENBOOM

Helga hett de föftig nu ok all achter sick. Se wahnt un arbeit't in Stadt Ollenborg. Ehr Öllern hebben 'n lütt Hus dicht bi Brämen un sünd noch gaud tau Wäg. Helga führt af un an röwer na de beiden Ollen, sünnerlich tau Wiehnachten un Niejohr. Un wenn disse Daag so all stief vull Traditschon sitten — in Helga ehr Öllernhus geew dat babenin noch ein, de ji för wiß nich kennt un de ierst dit Johr unnergüng.
In de Tiet, as Helga noch ganz lütt wier, geew dat all jed Johr son Ort kortes Spill in de Wiehnachtsstuw, wat ümmer wedder so afleep as dat Johr vörher. Dor güng dat bi üm den Dannenboom. Mudder ehr Recht wier, dat se em ganz allein upputzen deed, in de tauslaten gaude Stuw. Wenn se dormit farig wier un de Geschenken leegen up den groten Disch, slöt se de Dör up un bimmelte mit son lütt sülwern Glock. Denn dörften ehr Mann un ehr Dochter, de buten up den Flur stünnen, rin in de Stuw. Helga ehr Vadder güng denn ümmer furs up den Dannenboom tau, mit nadenkern Ogen. Dormit füng dat lütt Spill an, wat tau Wiehnachten hüren deed as Christvesper un Wiehnachtsleeder. Vadder keek in Gedanken up den gräunen Boom, de allein man witt upputzt wier, mit witte Lichter un sülwern Lametta un poor sülwern Kugels. He süfzte son bäten un säd tau sien Fru: „Weißt du, Mudding, he is wedder schön, dien Wiehnachtsboom. Öwer

wenn ick so an mien Kinnertiet denken dau — mien Öllern harren ümmer ’n ganzen bunten Boom. Mit bunte Lichter un Kugels un ok bunt Engelshoor ... Un de stünn in’n gräunen Iesenstänner mit’n Späldos in. Wenn wi Kinner rinkeemen, denn dreihte de Boom sick so recht fierlich, un de Stänner spälte sinnig ‚Stille Nacht‘. Wat wier dat man ümmer schön!“
Mudder harr denn all poormal mit beide Hännen afwinkt, un ehr Gesicht schämerte bäten rot. Se keek ehren Mann mit tausamenknäpen Ogen an un säd: „Dat maken wi nich! Allein all wägen de Diern nich! Wat sall de för Insichten kriegen?! Nee, mit all den bunten Krams un Späldosenstänner, dat is ...“
„Chott, ja“, föl Vadder ehr denn in’t Wurt, „ick verstah di woll. Öwer — dat is nu mal dunn för uns dat Schönst wäst.“ Dormit nehm he sien lütt Fru in den Arm, säd ehr Dank för all ehr Mäuh, un se füngen an un bewunnerten ehr Geschenken.

— — —

Nägenunviertig Johr leep dit lütt Spill unner’n Dannenboom af — ümmer wenn dat Fest up den Klenner stünn. Sogor de Würd bleeben desülben, bät up ein orrer twei vilicht. Denn öwer keem dat Johr, in dat Helga ehr Öllern de Gülden Hochtiet fiern künnen. Helga wier, kort na de Hochtietsfier, wedder öwer Wiehnachten tau Hus, un dor leet alls so as ümmer. Se bleew mit Vadder up

den Flur, de Bimmelim wier tau hüren, un de Dör güng up.
Man Mudder stünn mit'n ganz apart Gesicht näben den Dannenboom — un de seeg kakelbunt ut: mit bunte Lichter un Kugels, brune un gäle un gor lila Vagels un Engels un rode Pilzen ut Glas, mit schämern Glocken un Stierns in alle Klören, in gräun un witt un rosa. De Boom dreihte sick, un sien Faut klimperte: „Stille Nacht — heilige Nacht ..."
Helga harr tau daun, dat se man iernst bleew. Vadder keek dat kakelbunt Undiert von Dannenboom an, as wenn he de Welt nich miehr verstünn. Mudder öwer säd mit son gediegen Stimm, wo bäten Lachen un Rohren mit inseeten: „Weißt du, ick heff süß den Boom ja ümmer witt upputzt. Man ick dacht, in dat Johr von uns Gülden Hochtiet ... Wo du doch as Kind ..."
Wieder keem Mudder nich! Vadder rönnte mit grote Träd up se los — as son jungen Kierl — un reet se an sick, dat ehr meist de Luft wegbleew.

— — —

An'n iersten Wiehnachtsdag seet Helga in de gaude Stuw un läste in ein von de Bäuker, de se schenkt krägen harr. Dor keem Mudder ut de Kök un säd in't Vörbigahn, so as Mudders dat ümmer daun, wenn se wat up'n Harten hebben: „Wat ick noch seggen wull, Diern: dat mit den bunten Boom, dat is — dat finn ick gräsig! Dat is reinweg — jawoll, Kitsch is dat! Öwer Vadder hett dor ja nu all de Johren von drömt — un so — chott ja . . ." Öwer denn würd ehr Stimm wedder ganz fast, un se keek ehr Dochter krall an: „Dat wier allein ditmal so! Taukamen Johr is de Boom wedder witt!" Un denn güng Mudder mit forsche Träd trüch in de Kök, na ehren Festbraden.

Helga harr noch kein twei Sieten in ehr Bauk wiederläst, as Vadder rinkeem, mit ein von sien gaude Wiehnachtszigarren. He keek ierst dal up de sneiwitte Asch von sien Zigarr, denn haust'te he son bäten, as Vadders dat ümmer daun, wenn se wat up'n Harten hebben, un denn säd he: „Wat ick noch seggen wull, Diern: vertell Mudder dat man nich — öwer — dat mit den bunten Boom ut mien Kinnertiet, dat heff ick eigens blots ümmer seggt, wieldat dien Mudder denn recht son bäten in Fohrt un Farw keem un son blanke Ogen kreeg. Ganz unner uns: ick finn son bunten Boom gräsig. Dat is ja reinweg — jawoll, Kitsch is dat! Öwer — künn ick Mudder dat nu woll gistern abend seggen?!"

BETHLEHEM

Vieruntwinnigst Dezember, Hilligabend, ein Dag, de uns tau Harten geiht, de uns wedder bäten sowat as'n Kind warden lött — un an den wi ok eins wedder Dank seggen för alls, wat dat Johr bröcht hett: för dat Gaude, wo wi uns tau freugt hebben, un för dat anner, wo wi ut liehrt hebben. Disse Hilligabend kann öwer ok tau'n ganz anner Tiet öwer uns kamen, sogor in'n Februor, as mi dat eins güng. Tau disse Tiet wieren wi in Israel, mien Fru un ick. Wi reisten dörch dat Land un keeken uns all dat an, wat wi ut de Bibel kennen: Nazareth un den See Genezareth, Jericho un Jerusalem un, dat versteiht sick von sülwst, ok Bethlehem. Wier'n sünnerbor Gefäuhl, in de Stadt rümtaulopen, in de Jesus buren is. Von wo de Fräden utgahn süll för de Welt, wo nu öwer israelisch Suldaten vör de hilligen Städen Posten stahn, dat de Haß nich tauslöggt. Buten vör de Stadt fäuhlt ein dat nich so, up dat Feld, wo de Scheepers dunn slöpen un de Engel ehr kund deed, dat Christus buren wier. Dor buten treckt de Wind dörch dat Gras — un wenn ein man will, denn kann he ümmer noch de ollen Würd hüren, dat Fräden in de Welt kamen sall. Un doch: wenn ein sick ümkiekt, denn süht un hürt he bät up dissen Dag öwerall up unsen Globus von Krieg un Revolutschon, von Murd un Brand.
Mit son Gedanken güngen wi in de groot Kark rin, de dor steiht, wo Jesus dunn in disse Welt

keem. De Kark steiht an de historisch Städ, dat is säker. De römschen Kaisers harren dor'n Tempel bugt, dat de Minschen seihn süllen: ehr Götter harren miehr Macht as de Christus. Jüst dordörch öwer is de Städ an uns öwerkamen — de Grott, möt ick seggen. De Stall wier woll wieder nix as'n Ierdhöhl.

Wi steegen de Trepp dal, un denn stünnen wi in de Grott, wo dat Kind in Heu un Stroh lägen harr. Man woans süht dat dor nu ut!

Dicke Vörhäng ut Samt un Brokat, un sülwern un gülden Lampen hangen von den Stein baben de Köpp von de Minschen. Ein groot Sülwerstiern blänkert dor, wo de Krüpp stahn hebben sall. Alls is bunt un — ja, ick kann nich anners seggen: süht alls bäten na Theater ut, mit Kulissen un Flitter.

Mien Fru un ick, wi keeken benaut. Uns leegen ja ok ümmer noch de välen Souvenirverköpers in'n Magen, vör de wi buten de Kark uträten wieren. Un nu dit ... Denn keem ok noch'n amerikansch Grupp de Trepp dal, Paster vörweg. De annern fiefuntwinnig Lüüd, Olle un Junge, Swarte un Witte, bugten sick üm em up. Wier'n dulle Vullheit upmal. Na ja, denn füng de Paster an tau bäden. Müßt he ja. Öwer he makte dat kort, dat's wohr, un ok gaud. Man dorna füngen de Amis an tau singen. Stille Nacht mit Snei un Frost — un up engelsch, versteiht sick. Nee, dacht ick, wier ick man buten up dat Feld bläben, dor wier dat anners.

Öwer denn seeg ick mang all de Amerikaners ein swarte Fru, de mit grote blanke Ogen mitsüng. Se harr ehr Hännen folgt, un in ehr Gesicht stünn nix as Dank un Leiw. Se mücht woll söben-, achtuntwinnig Johr olt sien, wier rank un slank un harr de folgten Hännen vör de Bost böhrt. Kruses Hoor stünn üm de deipschämern Ogen, in de so väl Globen leeg. Ick müßt ehr ümmertau ankieken. Se süng dat olle Leed, wat doch eigens all so afsungen is, ganz deip ut ehr Hart rut, dat dor wat von na mi röwerfleigen deed.
Mien Fru müßt dat ok woll so gahn as mi. Se stünn heil still näben mi. Denn seeg ick, dat ok de annern Lüüd nich miehr loskeemen von de junge Fru un ehr Leed. Un dor sackte upmal alls weg, wat Theater wier: all dat Sülwer un Gold un de swore Brokat. Dor steeg de oll Grott up, mit Äsel un Oß un Heu in de Krüpp un dat lütt Kind dor in. Un baben alls swäwte de Stimm von de junge swarte Fru. Dor wier Hilligabend för uns — mirrn in'n Februor.

HILLIGABEND UNNERWÄGENS

An'n Hilligabend wier ick mit mien Fru noch unnerwägens mit de Iesenbahn. Wi wullen öwer de Festdaag in uns lütt hollandsch Hus sien. De Tog führte dörch Ostfriesland, buten würd dat düster, bäten matschigen Snei leep an de Finster dal. Dat rök so as dat in alle Nichtraucher-Kupees rüken deit, bäten muffig, na Stoff un afstahn heit Wader. Dat Kupee wier vull, un natte Fäut harren de miehrsten von uns ok von den Matsch up'n Bahnstieg. Keinein fäuhlte sick so recht woll in sien Huut. Näbenan harren poor jung Lüüd ok noch ehren Radaukasten an. Musik ut de Maschinenfabrik wier dat woll, noch luuter as dat Krieschen von de Rööd un dat Slagen von de Assen. Ick harr mi woraftig nich wunnert, wenn ein von uns upstahn wier un harr einen annern an't Muul haut. Sowat leeg in de Luft.

Ick heff dor denn öwer nadacht, worüm dat woll so wier. De ein jung Fru künn woll'n Verköpersch sien, de halfdot von ehr Rönnerie un Arbeit in'n groot Worenhus keem. De Mann mit den ollen, afschüerten Mantel harr vilicht in de Schaufinster all dat seihn, wat he för sien Kinner nich köpen künn. Ein anner führte na sienen Deinst hen, harr'n Uneformmütz bi sick; baben in't Gepäcknett leeg de schrumplig Aktentasch, wo de Thermosflasch rutkeek. He wier woll'n Wachmann un müßt nu de ganze Hillig Nacht üm'n Fabrik orrer'n Kasern rümlopen —, un sien

Fru un Kinner fierten Wiehnachten ahn Vadder. De oll Fru mit den gnatterigen Mund un den Voßpelzkragen führte woll na ehr Kinner. Se bewägte ümmertau de Lippen, as wenn se sick inäuben deed, dat se ehr Kinner unner den Wiehnachtsboom ok orrnlich Kattun gäben künn. Söß Minschen in de Hillig Nacht unnerwägens in de Iesenbahn. Söß lütte Welten, de dörch Taufall in dat Kupee tausamendräben wieren — un alle söß gries un gnatterig.
Ick wier eigens gor nich mal gnurrig. Mien Fru un ick, wi müßten ja nich na Arbeit, nee, wi wullen in uns lütt Hus dröben Wiehnachten un Silvester fiern. So künnen wi eigens gor nich untaufräden sien, harren ja doch vierteihn schöne frie'e Daag vör uns. Öwer son glummerig Stimmung, de stäkt ja woll reinweg an. Wi beid seeten ok dor, as süllen wi hangen.
Denn güng de Dör up, un de Schaffner keem rin. He frög fründlich na de Korten — un he würd nich mal ungedürig, as de jung Fru woll twei Minuten na ehr Fohrkort säuken deed. Öwer all de Lüüd in dat Kupee wieren bös up de jung Fru. Dor künnen se doch nu all ehr Gnatzigkeit up afladen.
Man dor harr de Schaffner all de Korten knipst, bleew noch 'n Ogenblick an de Dör stahn un säd mit son recht fründlich Stimm: „Nu wünsch ick Se alltausamen schöne Wiehnachten un ok all'n vergnäugt Silvesterfier! Un denn man alles Gaude un Schöne för dat Niege Johr!“ He böhrte

de Hand hoch, winkte äben na uns rin un makte de Dör achter sick tau.
As de Schaffner denn rut wier, dor passierte in dat Kupee uns lütt Wiehnachtswunner. Wi keeken ein den annern an, de Mann mit de Mütz griente un nickte mit den Kopp na mi hen. De Verköpersch streek dat lange Hoor ut ehr Gesicht un kuschelte sick trüch in ehren Sitz, un de gnatschig Olsch höl ehr Mundwark för'n ganze Tiet rein still. De Mann mit den afschüerten Mantel öwer, un dat freugte uns an'n miehrsten, de harr ganz helle Ogen.

ALL WEDDER WAT SCHENKEN

Mien Fru un ick, wi seeten mit poor gaude Frünnen tausamen. Taß Tee stünn up de Back, un wi wieren an't Klöhnen. Dat wier so äben vör Wiehnachten, un denn geiht dat ja meist üm de Geschenken. Is ja ok väl öwer tau seggen, indäm dat ja doch woraftig ümmer maller ward mit de oll Schenkerie. De miehrsten Lüüd hebben dat, wat se bruken — orrer dat, wat se hebben willen, is tau düer, dat ein dat sowieso nich schenken kann. Blaumen langen nich ut, ein Bauk hett Unkel Harm all, un noch nich mal dat hett he läst. Breifmarken sammelt nich jedenein, un mit Schlips un Seep un Odekomöff sünd wi dunn all uns Öllern jed Johr tau Wiehnachten wedder unner de Ogen gahn.
Ick kenn Lüüd, de lopen in de Tiet vör Wiehnachten mit düster Gesichter rüm un könen nachts nich slapen, indäm dat se nich weiten, wat Tant Susi un Unkel Schorsch tau Wiehnachten kriegen möten. Dat dörf ja ok nich dürer un nich billiger sien as dat för Unkel Hannes un Tant Liesel! Ick weit doch, dat Tant Liesel na Wiehnachten ümmer losgeiht un de Priesen kunterliert. Un wehe, se süht in den Supermarkt bi'n Sonderangebot ehr Geschenk, un dat is drei Mark billiger as dat för Tant Susi. Denn giwt dat vör Silvester noch Krieg!
Öwer all sowat unnerhölen wi uns den Dag, as uns Fründ Willy upmal heil nadenkern an sien

Piep trecken deed un denn säd: „Ji kennt doch den ollen Hawermann un sien Fru in ehr Hus buten vör de Stadt. De beiden hebben'n tämlich groot Familie, dor kamen licht son föfteihn Minschen un woll ok twinnig tausamen. Un bi Hawermanns maken se dat tau Wiehnachten so: schenkt ward öwerhaupt nix, wat köfft is! Mal afseihn von dat för de lütten Kinner. Blot Saken, de sülben makt sünd, warden schenkt — lütt Fründlichkeiten, kann ein ok woll seggen. Dorför drapen sick de ganzen Hawermanns an den vierten Adventssünndag alltausamen bi de Ollen tau'n Meddagäten. Se drinken dor ok Kaffe un äten Abendbrot. Dat ward denn'n langen un breiden Klöhnsnack, mit'n Glas Wien orrer'n Konjack, versteiht sick. Dorbi ward denn vertellt, wat so los wäst is in't Johr mit de Arbeit un woans de Reis in'n Sommer wier. Un wenn de Besäuk abends denn geiht, stäkt jederein in de groot Sammelbüß dat Geld rin, wat he anners för Geschenken utgäben harr, wecke de annern gor nich bruken. Un mit dat Geld ut de Sammelbüß geiht oll Hawermann denn an'n Mandag na dat SOS-Kinnerdörp orrer na dat Rode Krüz un leewert dat dor af. Wecker dat Geld kriggt, dat maken se alltausamen an'n Sünndag all af. Un dor kümmt ganz schön wat tausamen, seggt Hawermann ... Tjä, so fiern se dor Wiehnachten. Un ick frag mi af", sinnierte Willy, „wat ein dat nich ok eins in de eigen Familie probieren süll."

DE BOOM BRENNT

Wenn wi tau Wiehnachten so bi'n Dannenboom sitten, denn kieken wi giern bäten trüch in olle Tieden. Dorbi föllt uns denn ok woll dit un dat wedder in, wat wi von anner Lüüd hürt hebben. So kreeg ick vörrig Johr 'n heil apartig Geschicht tau weiten von mienen Fründ Odding Permien. Dat geiht dorbi üm den Dannenboom bi em tauhus in'n lütt meckelborgsch Stadt — as he noch'n Jung wier.

Odding harr mi angrient: „Weißt du, Gerd, wi wahnten in son tämlich lütt Hus in de tweit Etasch. Ick müßt an'n Hilligabend ierst ümmer in mien Kamer blieben.

Vadder un Mudder slurrten unsen groten Dannenboom — 'n lütten nehm Vadder nie nich — de engen Treppen hoch. De Boom bleew öwer ümmer stäken, wenn he üm de Eck süll. Wat Vadder denn säd un gnurrte, dat harr mit Wiehnachten nich väl tau daun un mit Wiehnachtspsalmen all gor nich.

Achter mien Kamerdör hürte ick ok, woans dat naher in de Stuw wiedergüng. Vadder müßt son Ort hölten Faut för den Boom tausamennageln. Wenn he öwer den Hamer hochböhren deed, denn rönnte Mudding all na den Verbandskasten. Wier meist ok nödig. Man up de ein orrer anner Ort kreeg Vadder dat Holtkrüz ümmer farig.

Vadding stellte den Boom up, un denn müßt de ja upputzt warden. Dat wohrte meist bannig lang,

indäm Vadder meist ümmer mit den lütten Tritt tausamenbräken deed, wenn he sick dor mit sien tweieinhalf Zentner rupwrögelt harr.
Na Wiehnachten makte Vadder den Tritt denn wedder trecht — un dat Johr dorna brök he dor wedder mit tausamen. Dat hürte bi uns all tau't Fest. Blot wenn Vadding dor denn sien Würd bi maken deed, denn hölen sick de Glasengels an unsen Dannenboom de Uhren dicht.
Denn güng dat üm de Wiehnachtslichter! Vadder wull läwig Lichter hebben, Mudder höl miehr von de elektrischen. De wieren säkerer, säd se, wenn se denn tauletzt ok nageew. Öwer achter den Dannenboom müßten twei Emmer Wader stahn, dor güng Mudder nich von af. An de Wand hürten denn noch twei Feudelbessen mit natte Feudels, un in de Kök stünnen tau Vörsicht noch drei grote Wannen vull Wader.
Wenn Vadder de Lichter anstäkt harr, dörft ick rinkamen un kreeg mien Geschenken. Tant Mieken un Unkel Hannes wieren denn ok all dor. Wi süngen alltausamen Wiehnachtsleeder, un de Ollen harren Punsch up den Disch.
Man alle Näslang schreeg Mudder los: ‚Fritz! Paß up! De baben links glöst den Telgen an!' Orrer: ‚Unnen rechts! De qualmt so brennerig!' Mal öwer kreeg uns Dannenboom woraftig dat Brennen! Mudder schreeg so luut, as se man künn. Vadder reet den Boom meist mit den Feudelbessen üm — un ick, tjä, ick harr mien Hög an dit Spillwark. Sünnerlich as Unkel Hannes

sien Fru ’n ganzen Emmer kolt Wader in’n Bussen geiten deed un Tant Mieken jüst so losgillte, as Mudder dat deed.
Vadder kreeg den tweiten Feudelbessen her, indäm de Gardinen anfüngen tau sengeln. He reet de Biller mit den Stäl von de Wand un keek heil verbaast, as dat ein Enn von den Feudelbessen ok noch anfüng tau brennen.
Öwer denn keemen poor rejell Füerwehrlüüd mit’n Helm up un’n groot Ruhr unner’n Arm. Dor sprütt’ten se iersteins Unkel Hannes mit unner’t Sofa, indäm he ehr jüst in’n Kurs hüppt wier. Vadder kreeg de neegst Göt af. Wier öwer gaud, indäm sien Jack achtern brennen deed. Man denn harren de Füerwehrlüüd den Brand in poor Minuten aflöscht.
Vadding öwer wier trurig: dat Bild von sienen Opa harr unner Wader stahn un wier nich miehr tau bruken. Ick wull Vadder trösten un säd, dat makte doch nich väl ut, de Oll wier ja sowieso mit sien Sägelschipp afsapen. Dor kreeg ick ok noch weck an’t Mul. Tau Wiehnachten!
Nee“, smustergriente oll Odding Permien vör sick hen, „dat is nu all so väle Johren her — öwer an dat Wiehnachten, as bi uns de Dannenboom brennen deed, dor denk ick hüt noch an trüch!“

RISIKO

Dat wier an'n Tweiten Wiehnachtsdag nameddags — de Tiet för Besäuken un Visiten. So seet ick bi mienen Fründ Bernard in de gaude Stuw, kommodig in de breiden Lähnstäuhl. Bernard sien Gesine harr'n strammen Tee makt un den Pott up dat brennen Stövken stellt.
Denn güng de Dör up, un Bernard sien Söhn Fernand keem rin, de mit Fru un Jung unnen in't Hus wahnt. Fernand harr sienen Söhn bi sick, Maik, mit vierteihn Johr jüst in dat Öller twüschen Ap un Minsch.
De beiden wünschten mi gaude Wiehnachten, öwer Fernand wier dormit noch gor nich ganz tau Enn, as sien Maik mi all mit lüchten Ogen von dat Computerspill vertellen deed, wat he tau Wiehnachten krägen harr. Sien Jan-Unkel, de as Stüermann tau See führt, harr em dat ut Amerika mitbröcht. „Risiko" heit'te dat up dütsch un wier „echt super"! Un wat ick nu wull orrer nich, Maik müßt un wull mi sien Risiko wiesen.
Na, anners kreeg ick doch woll kein Rauh, so keem ick denn ut mienen Stauhl hoch. Bernard wull nich allein baben blieben — dorüm tröken wi mit allemann na unnen.
In Fernand sien Stuw wier dat upbugt: „Risiko — dat Spill för Groot un Lütt" — twüschen den Dannenboom un de Wiehnachtspyramid.
Maik smeet den Diesel in sien Superspill an, güng vör de Mattschiew sitten, sien Vadder Fer-

nand näben em — un denn füng dat Spill för Groot un Lütt an. Wier wat ut uns Alldagsläben: Banköwerfall.
Ierst keem ein dullen Larm mit dunnern Trummels, schriegen Fläuten un scheppern Slagtüg — wat öwer na'n Tiet denn doch meist son bäten na Musik leet. Wieldeß zappelten ok poor Figuren up de Mattschiew. Drei Bankräubers — den Knoop dorför harr Maik unner sienen Dumen — stünnen in de Bankhall, handslagten mit dicke Revolvers, leeten sick väl Geld gäben, schöten ein Kundin in't Bein un rönnten rut.
De Musik öwerslög sick meist, krieschte un jaulte, denn würd wedder schaten, dat ein orrnlich de Kugels zirsen hüren künn — un los güng de grote Jagd! Dormit keem Fernand sien Stunn — he harr den Polizistenknoop tau bedeinen. De Räubers sprüngen in'n Auto, up de anner Siet von de Schiew keem de Polizeiwagen mit Martinshurn un Blaulicht in't Bild. De Räubers schöten, de Polizisten ballerten mit'n Maschinenpistol, de Röd von de Autos dreihten dörch — un alls mit de paßlich Musik. De Räubers jögen vörweg, schöten na achtern un dröpen einen ollen Mann. Dorför kreegen se einen Punkt aftreckt. Sowat deit ein nich. De Polizisten führten ein Kind dot — güng ok ein Punkt för weg. Streifenwagen stünnen dwars — Gangsters döschten dorgägen, mit'n Paukenslag — sünd öwer vörbikamen — twei Polizisten möten in't Krankenhus — twei Punkte för de Räubers. Polizeiauto ward von de

Gangsters stoppt — beide Sieten scheiten as verdull — ein Polizist dot — de anner swemmt in sien Blaut — twei Punkte. De Gangsters haun mit dat Polizeiauto af. Se hebben wunnen.
Denn brök wedder son Musik up uns los, de in de Uhren weihdeit. Nochmal 'n Slag up weit ick wo väl Pauken — un denn wier't ut. Un wier wunnerbor still in de Stuw.
Maik keek mi stolt an. Bernard wier de Piep utgahn. Näben den Computerkasten stünn ein holtsnäden Wiehnachtsengel, de harr de Hand vör de Ogen slagen. Ick künn em verstahn.
Bernard steek langsam sien Piep wedder an — ick säd „Soso, jaja" — un Maik künn gor nich begriepen, dat wi so cool bleeben. Wo dit doch nu mal echt Reality wier.
Öwer denn güng Maik all wedder sitten un füng dat grugelig Spill von vörn an. Fernand keek woll bäten scheif, langte denn öwer, wenn ok wat tögerig, na den Polizistenknoop — un se wieren all vull up grote Jagd, as wi beid, Bernard un ick, slupstierts ut de Dör rut un de Trepp hoch na baben güngen.
As wi wedder in uns Lähnstäuhl seeten — de Tee wier up dat Stövken schön warm bläben — dor qualmte Bernard meist noch düller as vörher. Denn öwer nehm he sien Piep ut den Mund, halte ganz deip Aten un säd: „Ick denk jüst an — as ick vierteihn wier . . . Dor heff ick tau Wiehnachten ein Gesangbauk krägen."

DE WANNERPOTT

Drei Daag vör Hilligabend würd bi uns ein Paket afgäben. Dat keem von Edgar, einen gauden Bekannten ut Emden, un baben stünn dick upschräben: „Nich vör Wiehnachten upmaken!“ Na, ick nehm dat Paket in de Hand, un dat wier tämlich swor. Ick dreihte dat na alle Sieten un keek't ok von unnen an. Nich dat ick niegelig bün, nee, ick wull man blot giern weiten, wat dor in wier. Mien Fru griente, säd poor spitzig Würd, denn nehm se mi dat Paket weg.

An'n Hilligabend makten wi dat Paket unner den Dannenboom up, keeken rin un tröken bannig dummerhaftig Gesichter. Denn öwer kreeg mien Fru dat Lachen, dat ehr de Tranen ut de Ogen leepen, un se kreeg de Würd knapp rut, as se reep: „De Kristallvas! De wi Eilert schenkt hebben! Dat kann doch nich wohr sien!“

Ja, dor leeg de groot Kristallvas in dat Paket, fein in Siedenpoppier inwickelt, mit'n rosa Sleuf ümtau un'n Wiehnachtskort bi. Wo gaud kennten wi disse Vas! Ehr Geschicht güng ja tämlich wiet trüch.

Dat wier so wäst: vier Johr tauvör harren wi unsen Fründ Heiner, 'n Kolleg ut Brämen, wat tau Wiehnachten schenken müßt. Dat öwer is ja ümmer son Saak, wenn einer, so as Heiner, alls all hett un nichmal Wien orrer Konjack drinken deit. Dor wier mien Fru de Kristallvas infollen, de bi uns in de Eck stünn un wo wi beid nix mit

anfangen künnen. Wi wüßten nich mal, wo se eigens herkamen wier. Echt Kristall, wier se för wiß düer wäst. Liekers künnen wi dor nix Besünners an seihn, un Blaumen stünnen dor ok nich gaud in. „De kann Heiner kriegen!“ meinte mien Fru. Ick nickköppte; denn wieren wi dat Undiert von Vas ja ok los.
Wi harren Heiner de Vas denn ja ok schickt, vör vier Johr tau Wiehnachten — un dit Johr tau Wiehnachten kreegen wi se von Edgar wedder! Wat dat nich alls giwt!
As wi mit dat Koppschüddeln tau Enn wieren, hebben wi nochmal lacht as all lang nich miehr. Un öwer de Festdaag nehm ick mi denn vör, disse Saak up den Grund tau gahn. An den Abend na Wiehnachten reep ick Heiner an un vertellte em, wat uns passiert wier. Dat wier em tauierst bannig pienlich. Öwer denn säd he bäten wat tögerig, von em wier de Vas nich an Edgar gahn. Nee, he, Heiner, künn mit dat Ding dunn ok nix anfangen, un somit harr he sienen un unsen Fründ Dieter in Ollenborg dat gaude Stück tau Sülwerhochtiet schickt. Dat wier ja ok sünnerlich billig för em, wo Heiner all ümmer väl von hollen hett.
As ick dit wüßt, wier ick nich miehr tau bremsen un reep in Ollenborg an wägen de Vas. Dieter wull ierst ok nich so recht rut mit de Spraak. Öwer denn müßt he sülben lachen un keem dormit vördag. He künn nu mal kein Kristall lieden, säd he; tweimal müßt he sick as Jung dat Jack vullhaun laten, nadäm em Kristallvasen tweifol-

len wieren. Dorvon harr he de Vas, as se em taufällig in'n Keller wedder unner de Ogen keem, tau Wiehnachten an sienen Fründ Edgar in Emden wiederschenkt. Edgar wedder vertellte mi denn an't Telefon, em wier ein groot Lilienstruz ut de Vas up de päperdüre, helle Dischdeck kippt, un de niege Deck wier von de düsterbrunen Blaumenstempels farwecht vullsmeert worden. Dor harr Edgar sien Fru in vulle Raasch de Dischdeck wegsmäten un Orrer gäben, de Vas müßt bi de neegst Gelägenheit ut dat Hus. Edgar, de von ehr Vörgeschicht ja nix wüßt, dacht uns de Vas denn as Wiehnachtsgeschenk tau — un nu wier se na vier Johr wedder bi uns lannt.
Ick gäw tau, disse Geschicht is sowiet ganz vergnäuglich — tauminnst för anner Lüüd. Wi öwer seeten nu wedder mit dat oll Ding an! Mit den „Wannerpott", as mien Fru dortau säd. Öwer nu harren wi dor de Näs von vull. Wi packten de Vas ganz achtern in't Kökenschapp, stellten de groten Kokpött dorvör un vergeeten dat Undiert iersteins. Denn öwer würd dat wedder Wiehnachten — dor geiht ja kein Weg ümtau —, wi seeten ganze Abende bieinanner un gruwelten. Wat müßten all de Verwandten un Bekannten tau Wiehnachten kriegen, dat se uns nich bös wieren? Man wi schafften dat ok ditmal wedder, dat wi de List un de Geschenken tausamen kreegen. De Paketen würden packt un afschickt, un wi freugten uns bät deip in de Säl, dat de groot Nummer ok ditmal wedder glückt wier.

Denn upmal, poor Daag vör't Fest, schöt mien Fru bi't Abendbrot hoch: „Gerold! Wi hebben ja gor nich an Gerold dacht!" Mein Zeit doch ok! Gerold! Ick wier mit em in Meckelborg tau Schaul gahn, nu läwte he sien Pangschon in Hamborg, wier Beamter wäst un ok nu noch'n narrschen Pötter. He schickte mi tau jeden Geburtsdag un jede Wiehnachten wat in't Hus — un as orrnlichen Minsch deed ick dat denn ja ok. Un disse Gerold wier vergäten worden! Öwer mi föl wat in. „De Wannerpott!" reep ick. Dat lücht'te mien Fru in, se halte de Vas vördag, un wi packten se den Abend noch in. Dortau keem'n feine Kort mit Engels un schämern Stierns un gülden Baukstaben — Gerold bröcht väl Sinn för son Künsten up. Annern Dag keem de Kram na de Post, un wi harren uns Schülligkeit wedder eins dahn.

Wi verläwten poor schöne un sinnig Wiehnachtsdaag — un von Gerold wier ein sülwern Nötknacker kamen mit väl Tüdelüt ümtau un'n Emaljebild von de Hamborger Michelskark dorup. Bäten later keem denn ok'n Breif von Gerold. Ick seeg in Gedanken all de gauden Wünschen för dat Niege Johr mit Glück un Erfolg un vör allen Gesundheit, as ick den Breif upmaken deed. Öwer de Saak haute ganz anners ut!

Gerold güng mi so scharp an de Wäsch, dat ick mi hensetten müßt, anners wier ick glatt achteröwer follen. Sowat as ick wier em in sien ganzes Läben noch nich unnerkamen, schreew he. He harr vör söben Johr in Böhmen de düer Kristallvas bi den Glasbläser köfft, extra för mi, indäm he dacht, ick verstünn wat von Kunst. Denn harr he de Vas na Hamborg slöpt un se mi tau Wiehnachten schenkt. He kreeg öwer knapp Dank dorför, wat allein all afslut ungehürig wäst wier. Na söben Johr keem nu de Vas wedder trüch na em! Dat künn ja doch kein anstännig Minsch begriepen, sowat! Of ick woll ganz un gor vergäten harr, dat ick mal up son gaude Schaul wäst wier! He tauminnnst würd sick schamen, dat he mi kennt!

Denn würd Gerold in sienen Breif orrnlich hochdütsch, un dor stünn in grote Frakturbaukstaben mit lange Schißlawängs unnen an:

„. . . und breche ich durch diesen Brief mit Ihnen für alle Zeiten — Gerold Martens!“

Tjä, dor seet ick nu mit den Breif in de Hand, as wenn mi einer up den Brägen slagen harr. Pienlich wier de Saak, dat is klor, bannig pienlich sogor. Öwer wenn ein dat mal anners ankiekt: ick wier de Vas nu ganz un gor un för alle Tieden los — vier Mann harren dordörch väl Nadenken un väl Geld för Geschenken sport — un den narrschen Gerold wier ick nu ok los! Somit steiht fast, dat ok son Wiehnachtsgeschenken ehr gauden Sieten hebben!

SÜLWERKUGELS

Ella wier in uns Kinnertiet in Meckelborg mit mi tausamen na Schaul gahn, un se würd ok'n gaude Fründin von mien Fru. Se bleew de ganze „sozialistisch“ Tiet in — nee, den Namen segg ick leiwer nich — man so väl: dat is'n lütt Landstadt. Ella läwt hüt nich miehr — un so kann ick de Geschicht nu woll vertellen, de mien Fru un mi ümmer wedder vör Ogen stiggt, wenn dat Wiehnachten ward. Wenn dunn de Lüüd mit Dannenbööm dörch de Straten leepen un de Kooplüüd ehr Wiehnachtsdekoratschon herkreegen, denn güng uns Fründin Ella, de recht son Original wier, dat nich miehr ut den Kopp: denn wull se vör luter Gewalt friegen! Dat mag ja woll an de apartig Johrstiet lägen hebben. So wier dat ok wedder mal in einen Dezember von de söbenziger Johr, wo wi bi Ella in oll Land-Ein tau Besäuk wieren. Uns Fründin harr kort vördäm „auf diesem nicht mehr ungewöhnlichen Wege“ annonciert, un dor harren sick ok poor Mannslüüd mellt. Ein heit'te Constantin, un he keem ok in de Wäk vör Wiehnachten an un wull sick vörstellen. He wier gräsig etepetete, harr'n strammen Scheitel, so recht as mit'n Biel trocken — Ella säd, as wenn em de Bull lickt harr — un de Falten in sien Büx wieren jüst so stramm. Sien Schlips stammte ut'n „Exquisit“, un in sien Schauh künn ein sick speigeln. He seet as Schaulmeister an son hoge

Schaul in Schwerin, wo dat ja väl son Lüüd giwt.

Na, dat dröp sick so: Ella harr all'n lütt Wiehnachtsfier vörwegnähmen müßt. So stünn ehr anputzt Dannenboom nu all in de Wahnstuw — mit föfteihn dicke, schämern Sülwerkugels an. Un unner dissen Boom seeten wi denn: mien Fru un ick, Ella un Constantin — un wi palaverten ganz bannig klauk miteinanner.

Tauminnst so lang deeden wi dat, bät Ella 'n Buddel von den Tokayer-Wien halen deed, den se von ehren Verlöw in Ungarn mitbröcht harr. Constantin wull dor ierst nich so recht ran. So up'n Nameddag, säd he, un öwerhaupt. Öwer denn smeckte de Wien em ümmer bäder. Wohrte ok nich lang, un wi wieren all bi den tweiten Buddel. Constantin trök ganz von allein sien Nadelstriepen-Jacket ut, wat von Leffers in'n Westen stammen deed. Dorbi keem denn an'n Dag, dat he „Ärmelholler" drög, son Ort Sockenholler för de Arm, dat de Manschetten nich ut de Jackenarm rutschen. Ella, wat'n Frugensminsch mit väl Fantesie wier, keek de Ärmelholler langtiet an, un achter ehr Ogen röterten de Gedanken. Bi den drüdden Buddel Wien harr Constantin — wi süllen nu all Connie tau em seggen — harr he nix miehr gägen, dat Ella em de Ärmelholler afströpen deed. Dor keem denn'n dicke Walnöt rin, de Gummiband würd strammtreckt, un Ella künn mit de Walnöt scheiten. Connie keek mit ganz groot Ogen tau, woans ut sien Ärmelholler gülden Walnöt na de Sülwerkugels an den Dannenboom flitzen deeden. Denn öwer kreeg he dat ok mit dat Jagdfeewer un schöt mit! Twüschendörch langte he ok ümmer noch wedder na den Tokayer-Wien. Mi deed all dat Gesicht weih vör Lachen, öwer mit Connie wier nich miehr tau räden. Mit tauknäpen Mund un scharpen Blick schöt he Sülwerkugels! Ella schöt ok — meist vörbi — öwer na'n gaude half Stunn harren se doch alle föfteihn Sülwerkugels afschaten! Dor künn denn ja noch'n Buddel up stahn, indäm Connie de miehrsten drapen harr un somit Sülwerkugelschützenkönig worden wier. Öwer denn müßt Connie hochnödig na sien Hotel: irgendwat wier mit sien Bein, de hölen em nich miehr recht. Annern Vörmeddag stünn Connie — de öwer nu wedder Constantin wier — frisch lackiert un mit'n Blaumenstruz vör Ella ehr Dör. De keem jüst ut'n Bett un bröcht em na de gaude Stuw, de öwer den Dag bös utseeg. Alls stünn vull Wienbuddels un leddig Glöös, ein dorvon wier tweifollen — un rundümtau leegen de Schören von de föfteihn kaputten Sülwerkugels un de gülden Walnöt. Constantin kreeg Stälogen un seeg ut, as wullen em de Ahnmachten anträden. He wüßt von den ganzen Abend rein gor nix miehr! Ella öwer vertellte em mit väl Lachen un Gnickern, dat se tau lang slapen harr un noch kein Tiet tau'n Uprüümen wäst wier — un sünnerlich, wat alls los wäst wier an den bunten Abend un gralierte em noch mal tau sienen Schützenkönig.

Constantin seet wieldeß boltengrad up sienen Stauhl un höl sick an den Blaumenstruz fast. He kreeg'n Kopp as son Tomat, un de Hoor güngen em hoch. Denn stünn he up, stamerte wat her un güng tau Dör rut, wobi he ümmer noch mit den Kopp schüddeln deed. De Blaumen nehm he wedder mit, steeg in sienen Wartburg un führte trüch na Schwerin. Ella hett nie nich wedder wat von em hürt. Öwer se säd denn naher — un wi dachten dat ok — so ganz wier Constantin doch woll nich de rechte Mann för se wäst. Se harr för wiß recht dormit — öwer up de anner Siet is dat ja doch schad, dat de arme Fru up disse Ort ok den Wiehnachten wedder nich tau'n Kierl kamen is.

CHRISTMAS-TOWN

Väle Johren heff ick dacht, Wiehnachten wier vör allen in Dütschland dat schönst un gröttst Fest in't Johr. Wat dat schönst Fest angeiht, so glöw ick dat ok hüt noch. Öwer wenn wi na de Grött kieken, denn sünd uns dorbi de Amerikaners woraftig öwer.

Ick wier annerletzt wedder eins in de USA, bäten ümkieken — un dor heff ick mit mien läwig Ogen de Bewiesen dorför seihn. All mien amerikanschen Bekannten harren mi drängelt, ick müßt un müßt na Christmas-Town hen, sünnerlich as Dütscher. Dor in de Wiehnachtsstadt würden mi de Ogen öwergahn vör de amerikanschen Wiehnachten.

Na, ick wier niegelig worden, sett'te mi in de Iesenbahn un juckelte hen na Christmas-Town. De Stadt süht öwer iersteins ganz so ut as ein amerikansch Lüttstadt von Hollywoods wägen uttauseihn hett. Lange, breide Straat mit Telefonmasten — Bank un Post, Supermarkt un hölten Kark, alls rund üm den lütten Platz. Poor Näbenstraten mit ein- un tweistöckig Hüüs, männigein ut Holt, un ahnwäten väl Wahnwagens mit fastes Steinfundament. Börgerstieg giwt dat nich, de Minschen führen ja doch all mit'n Auto. Poor Bööm stahn an de Straten un in de Vörgordens — lütten gräunen Park giwt dat an't Enn von de Hauptstraat — un up de anner Siet liggt de Bahnhoff. De hoge Sommersünn stünn öwer all dat, as mien Tog inleep, un'n lichten, warmen Wind küselte öwer den Bahnhoffsplatz. Dat wier so warm as sick dat för den Augustmaand hürt, un ick künn woraftig nix besünners an Christmas-Town finnen. Öwer dat süll ganz fix anners warden. Wat ick dor alls seihn un beläwt heff, dat vergät ick mien Läwdag nich!

In't Hotel leet sick dat alls ierst noch ganz gaud an. Ick geew mienen Kuffer af un güng furs na den groten Christmas-Store, dat Wiehnachts-Koophus, wo se in't ganze Land Reklame för maken. Nadäm ick poor Stunnen in de Bahn säten harr, güng ick tau Faut — un de Lüüd in ehr Autos keeken mi an, as wenn ick von'n Mars keem. Poor hölen näben mi an, un de Fohrers schüttkoppten, as ick nich instiegen wull. De Sheriff führte mit sienen Polizeiwagen ganz dicht un ganz langsam an mi vörbi un keek mi scharp un amtlich an. He begreep nix miehr, as ick em ok noch fründlich taunicken deed. Na, un denn güng ick dörch dat groot, sülwerschämern Portal unner den lüchten Neon-Dannenboom, an einen Wiehnachtsmann mit'n anmalt Clowns-Gesicht vörbi, rin in den Wiehnachts-Supermarkt, wo woll drei Jumbo-Fliegers rinpassen würden. Dor güngen mi de Ogen öwer — dor brök Wiehnachten total öwer mi rin!

De groot Hall seet drangen vull mit so väl Wiehnachten, as sick dat kein normalen Minsch vörstellen kann. Regalen, Dischen, Tresen un Burten, Utlagen, de von de Deck dalhüngen — alls

vull mit den dullsten Kram för dat „intimst Fest von dat Johr“. So stünn dat tauminnst up de Plakaten. Engels un Rendierten, Nötknackers ut alle Kontinenten un Länner, Släden mit Paketen un Krüppen ut recycelt Pappmaché stünnen dörcheinanner. Ein Wiehnachtsmann mit Sandalen un'n Turban up den Kopp wier anträden näben einen annern, wecker'n Pelzmantel anharr mit de finnisch Fahn up. Ein Wiehnachtsmann wier teihn Zentimeter groot, de gägenöwer twei Meter. Weck wieren ut Schockelad, anner ut Holt. De Seepen-Niklaus rök na Chanel-Parföng, de ut Plastik keek vergrellt up den Öko-Ruprecht ut Naturgummi. Einer wier'n Lolly, de anner würd bi Storm un Rägenwäder gries in de Farw. Tau Hunnerten un tau Dusenden stünnen se dor rüm — un ein Wiehnachtsmann stackerte gor as Roboter dörch de Hall, wackelte dorbi mit den Kopp un swüng'n bleckern Bimmel. He rönnte ümmer wedder gägen de Verköpers, junge Frugenslüüd in Engelskleeder, dörch de ein bät up de Unnerwäsch kieken künn. Ick müßt dorbi an den Slaapsaal von'n Dierns-Internat denken.
De Wiehnachtsmann-Kompanien keeken mit leddig Ogen up de Engeldierns un de Kunnen. De ein harr'n gäl Gesicht, de anner wier swart, un geew sogor weck mit Indianerfeddern up den Kopp. „Santa-Claus International“ stünn baben öwer. Achter de langen Reigen schämerten Wiehnachtspyramiden ut Thüringen — Lichtengels ut Skandinavien geew dat ok. 'n lebennig Lucia-

Brut ut Sweden, wat ein furs an ehr farkenblonnen Hoor seihn künn, blanzierte ehren Lichterkranz dörch de Hall — un de Lichter up ehr Hoor güngen up Batterie. Bäten wieder hen künn ein ok Politikerköpp ut alle Welt mit Zippelmütz un Pelzkragen as Gipsbüsten köpen, fein bunt anmalt. Dor in Christmas-Town heff ick tau'n iersten Mal Helmut Kohl as Wiehnachtsmann seihn. Denn geew dat upmal'n Tusch, un de böberst Chef keem in eigen Person in sienen Laden. De lütte, dicke Kierl mit de fixen Ogen harr'n Seppelbüx ut Ledder an, indäm sien Opa vör achtzig Johr ut de Dammer Barge in't Ollenborger Land na Amerika utwannert wier. Un as he dörch sien persönlich Siedeldör rinkamen wier, för'n Ogenblick stillstünn un sick so hoch räken deed, as dat bi em man güng, dor tut'te de Musik, de ut alle Ecken keem, mit sünnerlich Macht: „Tochter Zions, freu-heu-heu-heu-heue dich!" Un as dat vörbi wier un de hoge, lütte Chef sienen amerikanschen Grientje anknipst harr, güng he mit sien korte Beinen mastig un dicknäsig dörch de Gängen von sienen Laden, winkte mal hierhen un mal dorhen un wier noch miehr as de dullst Wiehnachtsmann. Dat künn ein ok an de Musik hüren: nu spälte de grootmächtig Örgel, de in de Eck näben einen von binnen lüchten Josef stünn — de Örgel spälte einen Choral, dat de Hirten in den Stall von Bethlehem dat Bäwern kreegen.
Ut dat ein Regal bimmelten dortau de Fäut för Dannenbööm ehr murcheligen Leeder — de Fäut

ut Edelstahl harren sogor „Fernbedienung“, dor künn ein de Wiehnachtsleeder sülben mit instellen. An einen Disch wieste ein Verköper-Engel Plastik-Dannenbööm tau'n Tausamenklappen, dat ein se öwer dat Johr bäder wegstauen künn. Ein sünnerlich dicke Ort Wiehnachtsmann ut Pußlan wier as Köhmbuddel tau bruken, ein half Gallon güng dor garantiert rin — un ut de Musikkastens an de Wännen röhrte dat: „Es ist ein Ros' entsprungen . . .“

Ick künn nich miehr! Mi sackten de Bein weg, ick müßt rut! So sleek ick hen na dat Portal, wat binnen 'n gülden Dack harr un näben dat in den Lufttog von de Klima-Anlag sülwern Bimmels „White Christmas“ pingelten.

Buten vör de Dör müßt ick mi ierst poor Fadens Engelshoor ut dat Gesicht fummeln. Öwer dor wier ok all de Wiehnachtsmann-Portier bi mi. Em drüppelte de Sweit öwer dat Clownsgesicht, as he mi drei Stickers in de Hand drücken deed, son Upbackzädels, wo Marylin Monroe as Wiehnachtsengel up wier un dwars doröwer hen de Adreß von den Christmas-Shop. Öwer ick künn noch an mi hollen.

In'n Draw bün ick na dat Hotel henrönnt. Öwer iehrer ick dor wier, keem mi'n Musikkapell entgägen. All de Muskanten harren hellrode Zippelmützen up de Köpp, un baben up de Lyra seet'n lütten Dannenboom mit bunt elektrisch Lichters. De Muskanten öwer spälten „O du fröhliche“ as flotten Marsch.

Ick wunner mi hüt noch, dat ick liekers in dat Hotel ankamen bün. In de Bar müßt ick denn öwer ok ierst'n ganzen groten Whisky hebben. Drei Stück heff ick mi in dat Glas geiten laten! Dor kreeg ick'n Spekulatius tau, wo de Hilligen Drei Könige up tau seihn wieren.
In de ein Eck von de Bar, in son Nisch seet'n öllerhaftigen Kierl mit'n jung Diern up den Schoot. Nu wier dat in de Nisch öwer tämlich düster, un he fummelte an ehr rüm na dat olle Wurt: wenn de Minsch nich kieken kann, denn is fäuhlen kein Schann. Un de Husradio spälte dortau: „Ihr Kinderlein kommet". Mi wier na Schriegen un üm mi haun!
Ofschonst dat ierst Klock söß an'n Nameddag wier, steeg ick na mien Kamer hoch. Un süh, dor leeg up den Nachtdisch ein Christkind ut Kaugummi — ahn Zucker! Ick smeet dat an de Ierd un perrte up rüm — ick künn nich anners!
Drei Slaappillen heff ick innahmen — un noch as ick inslöp, hürte ick von buten dat Glockenspill spälen: „Jingle-Bells".
Öwer Nacht heff ick denn miehr drömt as süß in'n half Johr. Dat Leegst keem gägen Morgen. Ick wier in mienen Droom ein Wiehnachtsmann ut Schockelad un leep as son Verrückten dörch den Wiehnachts-Supermarkt. Dorbi smeet ick alls üm, indäm ick utrieten müßt vör einen teihn Meter groten Osterhas, de mi den Kopp afbieten wull. He keem ni ümmer neeger, un ick würd ümmer langsamer. Mien Stäbel wieren doch so

swor — un öwerall stünnen mi Slädens mit Paketen, Pappmaché-Krüppen un Nötknackers in'n Weg. Twei Rendierten boxten mi ok noch de ganze Tiet in de korten Rippen, un ick hürte dat Undiert von Osterhas all ganz dicht achter mi mit de Rafftähnen gnurschen . . .

De Sweit leep mi von't ganze Liew, as ick upwaken deed. Naher wull ick denn na't Fräuhstück dalgahn — un ick harr de Dör na den Saal noch nich upmakt, dor hürte ick all Belafonte singen von dat Kind in Bethlehem. As mien Speigeleier keemen, wieren se mit Dannengräun garniert — ut Plastik. Un ut de Ecken keem ein Wiehnachtspsalm.

As ick an den Tresen in de Hall denn mien Räknung betahlt harr, hüng an de Quittung ein Fondantkringel.

Ick sleek man so na den Bahnhoff, un ick seet knapp in den Tog, dor dröhnte buten up den Bahnstieg de Bleckstimm los: „Happy Christmas, Folks! Anyday is Christmas in Christmas-Town! With the Lowest Prices in the Country!" Un buten an unsen Waggon stünn ein Kierl mit Pappnäs un witten Vullbort, de smeet mi dörch dat apen Finster einen Schockeladen-Wiehnachtsmann in den Schoot — utgeräkent einen Schockeladen-Wiehnachtsmann . . .

Mit Wader in't Gesicht hebben se mi ut de Ahnmacht halt.

— — —

Hürt sick mall an, mien Geschicht, ick weit. Öwer dat allermallst doran is: disse Wiehnachtsstadt giwt dat! Un se is meist so as ein dat hier naläsen kann! Also gaud: lütt bäten heff ick taulagen. Man dat ein is gewiß: disse Christmas-Town steiht in Amerika! Wo anners süß ok woll?!

Wat säd mien Fründ Teddy Johnston ut Chikago man noch? „Ji in Europa mögen Wiehnachten ja utfunnen hebben“, meinte he, „öwer wi Amerikaners, wi hebben dor ierst wat von makt!“

Dat kannst woll seggen, Teddy!

DE WIEHNACHTSFIER

Dat is all väle Johren her, dor wier ick ümmer fix taugangen bi de Wiehnachtsfiern von alle möglichen Vereins. Bi Landfrugens un Heimatkringen, Sporkassen un Landsmannschaften läste ick mien Geschichten un Gedichten vör. Dat wieren meist ok schöne un sinnig Stunnen. Man af un an geew dat ok Beläwnissen, dor möt ick hüt noch mit den Kopp öwer schüddeln.

Dat dullst is mi woll bi den Meckelborger Verein in ein grötter Stadt an de See passiert. De Vörsitter harr mi tau de Wiehnachtsfier inlad't, un ick wier mit de Iesenbahn henführt, autoführen kann ick ja nich. Fiert würd in de Klubstuw von dat „Bürgereck", orrnlich mit Dannenboom un Gemischten Chor. Ein von de Maaten harr'n Akkordeon bi sick un spälte „O du fröhliche", man dat wier ok dorna. Liekers wier uns all fierlich tau Sinn, geew ok genaug Päpernöt. Öwer as ick anfüng mit Läsen, würden näbenan in de Gaststuw poor Kierls ümmer vergnäugter, wecke Skat spälen deeden. „Pikus, der Specht des Waldes!" — „Krüz, Kringel un Tweiback!" — „Kumm mit, du frierst!" un „Dal mit de Büxen!" Ick mein, sowat paßt ja nich ümmer tau gefäuhlvull Wiehnachtsgeschichten — sünnerlich wenn dat alls luut un dütlich dörch de Faltdören tau hüren un tau verstahn is.

Na, de Vörsitter güng na den Wirtsmann un meinte, de Skatrunn würd sienen Verein un den

Schriewersmann doch tämlich stüren. De Kräuger räd'te denn mit de Skatbräuder, un de wullen sowieso de Tapeten wesseln. Se güngen noch äben an den Tresen stahn un denn mit väl Hallo ut de Dör rut. Nu harren wi Rauh. Tauminnst för't ierst.

Ick füng denn an un läste mien Gedichten vör, wobi son rechten Dichtersmann ja ümmer sien Säl slachten deit. So kreeg ick denn mien deipste Stimm un'n lütten Bibber her, de nu mal tau sowat tauhüren, sünnerlich wenn Wiehnachten vör de Dör steiht. Öwer ümmer, wenn ick twüschen de enkelten Strophen 'n lütt Paus maken deed, denn füng jedmal 'n Hund ganz jämmerlich an tau jaulen!

Dit wier nu ja wat! Un wo seet de Hund öwerhaupt? He jaulte in uns Klubstuw, öwer dat klüng so, as wenn he buten wier. Wi hebben mit allemann de ganze Stuw nasöcht, künnen öwer afslut nix finnen. Un dat bleew denn so: wenn ick läsen deed, sweeg de Köter still — un bi jede Paus füng dat Beist wedder an tau jaulen un tau günsen.

Nu is dat nich jedermanns Saak, tau disse Ort Musik iernsthaftig Wiehnachtsgedichten uptauseggen. Mien ok nich. So müßt de Vörsitter wedder na den Wirtsmann hen. De keem in de Klubstuw, wi makten em de Saak vör, un dat klappte ok best. De Kräuger kleihte sick achter de Uhren, denn öwer güng he na dat groot Schapp an de Achterwand, kloppte dor mit de Fust gägen — un de Hund füng furs wedder an tau bellen,

orrnlich vergrellt nu gor. Dor würd den Kräuger sien Gesicht hell: nu wüßt he Bischeid. Dat wier so: ein von de Skatbräuder wier Enno Ukena, de Preserdent von den Schüttenverein. Un Ukena keem ümmer mit sienen groten Scheeperhund, dat de ok mal rutkeem. Dormit de Hund nu öwer dat Skatspälen nich stüren deed, spunnte Enno em in dat groot Schapp in, wo se de Schüttenfahnen in upbewohren deeden. Den Slötel harr he as Preserdent bi sick. Süh, un dor seet de Hund nu ok wedder in. Un so lang as dor ein räden orrer Skatsnäck loslaten orrer Gedichten upseggen deed, so lang hürte de Köter in sien Schapp wat un wier taufräden. Öwer wenn keiner wat seggen deed, denn grugelte he sick in dat düster Schapp un füng an tau larmen, wat ick in sien Städ ok woll daun würd.
So wüßten wi, worüm de Hund sick mellen deed, un wi verstünnen em ja ok. Öwer nu wier Preserdent Ukena mit den Slötel von dat Fahnenschapp un sien Mackers na'n annern Kraug treckt, harr sienen Hund vergäten, un ick künn mien Gedichten nich loswarden!
Wi öwerläden de Saak, mien Publikum freugte sick, güng stramm up Köhm un Bier los un würd ümmer vergnäugter. Öwer de Wirtsmann wüßt ungefiehr, wecke Kräug för de Skatbräuder in Frag keemen. So jagte he sienen Ober un sien Fru los, de süllen de Kräug afsäuken. Dat duerte ok gor nich lang, dor keem de Ober mit den tämlich dunen Preserdent Ukena an. De griente,

fünn woraftig den Slötel un leet den Hund, wecker ok noch Rex heiten deed, ut dat Fahnenschapp. Doröwer freugten se sick alle beid so dull, dat uns dat rein an't Hart güng un wi dor alltausamen ganz nödig noch poor up drinken müßten.

Schüttenpreserdent Ukena säd noch, he wier uns ok gor nich bös, dat sien Hund sick in dat Schapp so dull harr argern müßt. Denn sägelte he mit sienen Köter los, mit böse Slagsiet.

Ick heff mien Publikum un mi dor denn nich mit dörchlaten! Wenn dat ok all half teihn wier: ick heff mien Gedichten un Geschichten alltausamen vörläst! De Lüüd wieren ok vull mit Andacht, se harren alltausamen de Ogen tau.

As dat Programm denn tau Enn wier, heff ick mi noch bäten mit den Schriewbaas von den Verein unnerhollen. Eigens mücht he mi ja nich so recht lieden, indäm he ok Gedichten schreew, wecke öwer nix dögen deeden. He wüßt, dat ick dat wüßt un dat ok all poormal seggt harr, dorvon keek he mi ierst ümmer son bäten schulsch von de Siet an. Öwer denn füngen sien Ogen an tau blänkern, un he säd mit honnigsäute Stimm: „Dat wier mal'n feine Wiehnachtsfier! Un ein süll doch gor nich denken, wat son Hund för'n Kunstverstand hebben kann!“

NIEMODSCH WECKERS

Ick bün all mien Läwdag tämlich väl unnerwägens wäst un möt denn ja ok öfters in Hotels slapen. Dor öwer heff ick eigens ümmer Bang hatt, ick hür morgens den Wecker nich un kam nich tau rechte Tiet von't Bett af. Dat keem dorvon, dat mien oll Wecker, wo ick mi so an wennt harr, dat disse Wecker all fix poor Johr öller wier un af un an ok woll mal stahn blieben deed. Un wenn ick dormit up Reisen wier, denn keem ick ut de Angst vonwägen dat Verslapen gor nich miehr rut. As nu wedder Wiehnachten vör de Dör stünn, kreeg mien Fru mi tau faten un slurrte mi in de Stadt. „Disse Kamedie mit dien ewig Bang bün ick nu leed!" säd se, „ick köp di'n orrnlichen niegen Wecker — un den kriggst du von mi tau Wiehnachten!"

Gaud, ick denn ja mit, hen na den Klockenschauster. De Laden stünn vull Minschen, de alltausamen noch wat för't Fest köpen wullen. Dat föllt ja väle Lüüd ümmer ierst äben vör Wiehnachten in. De Regalen in den Laden stünnen vull mit Weckers. Gäle wieren dorbi un swarte, witte un ok kakelbunte. Ein wier sogor „ärodynamisch" ! Den wull ick öwer nich hebben. Ick harr ja nich vör, dormit tau fleigen. Wat mi noch upfallen deed: all de Weckers würden nich miehr uptreckt — nee, de leepen up Batterie, ein Johr lang, un dortau ok noch up Garantie. De Wiesers harren lütte gräune Placken, de bi Nacht lüchten süllen.

Wat disse Wecker ok orrnlich rappelt, wull ick weiten. Nee, nee, lachte de Klockenschauster dor, sonne Radau-Apperaten geew dat hütendags nich miehr. De Alarm-Klocken, wat'n sünnerlich schönes Wurt is, de wecken hüt up püschologisch! „Leise, aber eindringlich!“ Un denn leet he'n poor von de niemodschen Dinger rötern.
Chott ja, rötern deeden se eigens ja gor nich mal. Ein flusterte as son Bäk in de Wisch, ein quiekelte as'n lürlütt Farken, un ein düdelte meist so dösig as son modern Telefon. Ick kratzte mi achter de Uhren un wüßt nich recht, wat ick von sowat woll munter würd. Öwer dat wier alls püschologisch utprobiert, „in diversen Versuchsreihen“, verklorte de Minsch achter den Tresen. Un tau de Püschologie künn ick mi ganz un gor tau verlaten, „dringt in den tiefsten Tiefschlaf“! Na gaud, ick säd dor wieder nix tau, mien Fru leet sick den Wecker inpacken un betahlte dor väl tau väl Geld för. Öwer Püschologie kümmt woll düer tau stahn. Denn stäwelten wi na Hus — un ick müßt de ganze Wecker-Geschicht bät Wiehnachten vergäten, indäm dat ja'n Geschenk warden süll. Ick vergeet dat denn ok fix — wat deit de Minsch nich alls, wenn he sien Fru 'n Freud maken kann.
An'n Hilligabend kreeg ick denn mienen Wecker schenkt, freugte mi dor bannig tau, so as sick dat hürt — öwer dorbi dacht ick in mienen Sinn, dat mi dit nu ja mal verlangen süll.

Den Dag na Wiehnachten müßt ick furs wedder up Reisen gahn, na Bad Twüschenahn in't schöne Ammerland. An'n ganz fräuhen Morgen süll dat losgahn, Klock fief all.
Na, an'n Tweiten Wiehnachtsabend, den Buk noch vull mit Swiensbraden, Marzepan un Päpernöt, sett'te ick den püschologischen Wecker up mienen Nachtdisch. Ick stellte em in — un he tickte so sacht, dat ick em knapp hüren künn. Ick gruwelte noch bäten öwer de heil wichtig Verhanneln an'n neegsten Dag, un denn sleep ick in.
Nachts wakte ick nochmal up un keek in'n Düstern na den niegen Wecker. De gräunen Lichtplacken wieren öwer so lütt, dat ick nich seihn künn, wier dat nu teihn Minuten na ein orrer fief Minuten na twei. Man ick harr so un so noch Tiet genaug un slöp wedder in. Un denn drömte ick ganz wunnerbor mirrn in'n Winter von't Fräuhjohr. Ick seeg un hürte in mienen Droom lütte Vagels un ehr vergnäugt Piepen — un ein Bäk in de Wisch, de sinnig vör sick henflustern deed.
As ick munter würd, wier de Klock half nägen un mien Tog all drei Stunnen weg. Ick wier so vergrellt, dat ick den niegen Wecker in de Eck von de Slapkamer ballern deed. Mien Fru keem hoch un schreeg los, de Wecker föl in Stücken uteinanner — un he harr sößtig Mark föftig kost't!
Minschenskinner! Ick ahn Fräuhstück hen na den Klockenladen. Up de Städ wull ick'n rejellen Wecker hebben! Einen, de mi ut dat Bett smitt,

wenn ick na Twüschenahn möt! Anners süll den Klockenschauster de Düwel halen! „Ja doch", stamerte de Kierl, „wiß doch! Türlich!" He wull furs nakieken, un weg wier he. Na fief Minuten keem he wedder mit'n Pappkarton. Den harr he noch in sien Lager hatt — un dor wieren drei grote, runde Weckers tau'n Uptrecken in. Se harren gräune Wiesers, wecke ok son Minsch instellen kann, de son dicke Finger hett as ick. Up drei stäwige, korte Beinen stünnen de Weckers, un baben harren se'n Bimmel, de woll Dode upwaken künn. Ick heff se furs all drei köfft un se mi sülben tau Wiehnachten schenkt — ofschonst dat all'n Dag tau laat wier.
Möt ick nu wedder an'n fräuhen Morgen verreisen, denn kamen de Weckers all drei up mienen Nachtdisch. Up Pußlantöllers! Un rötern se denn morgens los, dennso sitt ick in't Bett! Ick verpaß för wiß nie nich wedder keinen Tog wägen son dummerhaftigen püschologischen Wiehnachtswecker!

POPP FÖR FREDDY

Wi seeten bi'n sünnerlich gaud Taß Tee mang all mien Bäuker tausamen, un up den Disch brennte'n Licht ut Immenwaß. Ick mag dat tau giern rüken, wenn dat so sachten afbrennt. Wi, dat wieren mien Fru un ick, un as Visite Maike mit ehren Mann, junge Frünnen von uns. Maike hett ehr Arbeit in'n groot Worenhus. Se harr bäten Bang vör de Wiehnachtstiet; de Minschen beeren sick denn ja rein as loslaten, wenn se inköpen. Un de armen Wörm von Verköpers rönnen sick in de Adventen meist de Fäut weg. Ick wunner mi blot ümmer, dat se nich Bein hebben so kort as de von de Dackels, wenn Wiehnachten vörbi is. Weck Kunnen sünd all vergrellt von tau Hus wegkamen. Vadder hett öwer't Äten gnurrt, Heiner hett'n Fief in Mathe schräben orrer Elke is den Abend vörher ierst Klock ein an de Burg kamen. Na, un Mudder suust denn all mit'n Rochus los tau inköpen. Ehr Nerven gahn alle Näslang mit ehr dörch, un de arme Diern achter den Tresen möt ok noch nett sien un mit'n Kopp nicken. Nee, ick glöw, wenn ick son Verköper wier, ick würd na poor Daag Wiehnachtsgeschäft den einen orrer annern von mien Kunnen mit'n Ketchupbuddel an'n Brägen smieten. Dat is na mien Inseihn sowieso dat einzig rejelle, wat de Minsch mit son Matsch maken kann.

Tjä, so seeten wi denn, tau'n Glück in alle Rauh in mien Bäukerstuw un rädten von de Wiehnachts-

tiet ut Maike ehr Sicht. Nich dat de jung Fru sick beklagen deed, nee, se deit ehr Arbeit giern. Öwer se meinte, dor wieren Minschen mang ehr Kunnen, dor fragt ein sick af, worüm de leiw Gott sowat up de Ierd rümlopen lött — un denn jüst vör Wiehnachten!
Nu arbeit't Maike in de Eck, wo Spältüg verköfft ward, un se is bannig stolt up de välen Poppen, de se för Kinner tau Utwahl hett. Un dor wier denn'n Fru kamen, wo ein von wieden all an seihn künn, se harr tau väl Geld un tau wenig Sinn för ehr Utseihn. Nerzmantel un juchtenleddern Stäbel tau — väl tau groot Nerzkapp up den Kopp, wo se mit utseeg as son Hansekoopmann ut'n Middelöller — Arm vull gülden Käden, Brülljanten up de Wustfinger ... Maike säd, se harr sick rein verfiehrt, as de Olsch up se taustüern deed. An'n sülwern Käd (Maike harr Bang, dat wier gor Platin!) hüng son bäwerigen Pudelhund mit'n nakten Achtersteven. Man he harr'n kariert Kaschmirdeck öwer'n Puckel — un sien Fell wier jüst so farwt as dat Hoor von sien Frauchen, säd Maike: mattlila! Denn füng de Fru an tau snacken, un ehr Stimm keem heesch un krakig ut ehren smallen Mund, wo de dick Lag Lippenstift von afbröckeln deed. As se anfüng tau räden, böhrte de Pudel dat ein Bein hoch un bleew as son Denkmal stahn, bät se dat Mul wedder tauklappen deed, wobi noch bäten miehr Snutenfarw dalrägen deed. Denn sett'te de Pudel dat Bein wedder dal un bäwerte wieder vör sick hen.

Süh, un de Fru mit den Pudel, de wull nu tau Wiehnachten för dissen ehren Hund — sien Nam wier Freddy! — dor wull se 'ne Popp för hebben! Mit Slaapogen, Lackschauh un'n Abendkleed an. Maike makte Ogen as Teetassen, dat säd se uns sülben, öwer denn sluckte se drög dal un bröcht son Popp. Man dor schreeg de Olsch se an, se wier woll mall?! Freddy böhrte furs wedder dat Bein hoch. Maike süll de Popp up de Städ wedder wegpacken, anners würd Freddy ja seihn, wat he tau Wiehnachten kreeg! Dat süll doch'n Öwerraschung för em sien. Maike süll dor gefälligst ok blot ganz lies von räden un dorbi blot mit de Ogen na de Popp henplinken!
Maike nickköppte, Freddy leet sien Bein sacken, un de Olsch köffte de düerste Popp. Se föt se nich an un keek se nich an, dat Freddy dor ja nich achterkeem! Denn betahlte se, leet ehr Adreß dor un sägelte af as son Fregatt bi gauden Wind. Den lütten vigeletten Pudel Freddy slurrte se achter sick her.
Maike schüddelte noch mit den Kopp, as se utvertellt harr. Denn meinte se, eigens wier dat ja doch'n arme Fru, wenn ein sick dat recht öwerleggt. Dor öwer säd mien eigen Fru, nee, leed daun künn ehr noch väl miehr de Pudel. An'n düllsten öwer de arme Kierl, de för de Olsch un ehren Uptog arbeiten möt. Un dorin heff ick mien Fru ut vullen Harten recht gäben.

BAGEN ÖWER DE JOHREN

Wenn ick an mienen Schriewdisch sitt un mi bi de Arbeit son bäten trüchlähn, denn kiek ick up einen sülwern Ring, de an de Wand hangt. Dor is dat Wappen von de meckelborgsch Stadt Ribnitz up tau seihn: ein Vagel Griep, hollen von poor Fisch. Dat hett mit den Namen Ribnitz tau daun, wecker in de Spraak von de ollen Wenden so väl as „Fische-Ort" bedüden deed.
Disse Ring hett nu'n lang un apartig Geschicht. Ick bün ja groot worden in de lütt Boddenstadt, heff mien Jungs- un Jungkierlstiet aftowt twüschen Rostocker Dur un ollen Karkhoff twüschen Kloster un Seepromenad — un in de oll Stadtkark bün ick insägent worden.
Nu fierte de lütt Habenstadt in't Vörjohr 1933 — ick wier jüst dörteihn Johr olt — ehr 700-jöhrig Jubiläum, un dat wier'n gadlich Fest. De Ribnitzer Juwelier Kramer — in de Stadt nennten se em blot „Pussy" — harr för dat Jubiläum gülden Ringen mit dat Stadtwappen makt, wecke de Börgermeister an hoge Gäst verschenken deed. Nu wier Pussy Kramer öwer ok'n gauden Koopmann un brukte ümmer väl Geld. Somit harr he von de Stadtringen ok noch poor Dutz in Sülwer gaten, se äben in Gold instippt un verköffte se denn. Klor wieren de väl billiger as de handmakten ut Gold, öwer se kost'ten ümmer noch dörtig Reichsmark — un dat wier dunn väl Geld. Ick tauminnst kreeg man twei Mark Taschengeld in'n

Maand. Öwer disse sülwern Ribnitz-Ring, de steek mi ganz bannig in de Ogen. Son bäten harr ick dat all ümmer mit allerhand Heimatsaken — ick läste ok alle plattdütschen Bäuker, de ick man kriegen künn. So würd de Ribnitzer Ring dat ein un alls, wat ick mi tau Wiehnachten wünschen deed. Tau anner Tieden künn ick em sowieso nich kriegen — Vadder wier man'n lütten Iesenbahner.

Na, Sommer un Harwst güngen hen, de ierst Snei föl, Iestappen hüngen von de Däcker, un de Piersläden bimmelten dörch de Straten. Wi leepen Strietschauh, führten Sägelsläden up den Bodden, rodelten den Bleicherbarg dal — un ick stünn ümmer wedder vör dat Schaufinster von Kramer un keek up de sülwern Ringen.

Kort vör dat Fest geew dat denn'n „Familienrat" wägen de Wiehnachtsgeschenken. Mien nägenjöhrig Brauder wull för Gewalt 'n sünnerlich groten Wiehnachtsmann ut Melkschockelad hebben un harr för nix anners Sinn — tau mien Problem mit den Wappenring räkente Vadder ut, dat ein för dörtig Mark mit de Bahn von Ribnitz bät na München führen künn — Mudder geew tau bedenken, ick künn för so väl Geld mienen Konfirmatschonsantog kriegen. Mien Andrag würd aflähnt!

Öwer denn keem de Hillig Abend — un unner den Boom leeg de Ring mit dat Ribnitzer Stadtwappen! Ick wier ierst ganz still vör Freud — un denn — tjä, denn müßt ick rohren — un dat as Jung!

Söß Johr künn ick mienen Ring drägen. Denn keem de Krieg. Ick würd Suldat, de Ring keem in't Schapp. Öwer na 1945, in dat ollenborgsch Vorel, dor hülp mien Ring mi, an Ribnitz un Meckelborg tau denken. Dat Land wier ja väle Johren för mi tauslaten, wieldat ick in't Radio ümmer wedder seggen deed, wat ick von de DDR höl.

Na de Wenn‘ öwer künn ick in dat Johr 1990 tau'n iersten Mal öwerhaupt in Ribnitz ut mien Bäuker läsen! Dorbi harr ick mienen Wappenring an den Finger, dat versteiht sick woll. Un dat Johr dorna stünn ick in den gotischen Chursaal von de Ribnitzer Klosterkark an't Pult, näben de ollen holtsnäden Hilligenfiguren. Mien sülwern Vagel Griep schämerte, ick harr em vörher noch orrnlich poliert. Un ick mein: de oll hillig Mann näben mi hett ok recht na mi hen knippoogt — na mi un na mienen Ring, de ja den Bagen slagen harr öwer sößtig Johr von mien Läben, de mi dunn nich blot'n sünnerlich schön Wiehnachtsfest gäben hett — nee, de laterhen ok noch sienen ganz deipen Sinn för mi kreeg.

WIEHNACHTEN UNNER SÄGELS

In de Tiet vör Wiehnachten freugt de Minsch sick, wenn he abends in sien Stuw sitt, wenn dat buten düster ward, un de Winterstorm huult üm dat Hus. För mi is dat denn sünnerlich schön, wenn ick mit Lüüd tausamensitten kann, de as Jungkierls öwer de Söben Seen führt sünd, de amenn noch ehr Bark orrer ehr Vullschipp üm Kap Hurn knüppelt hebben. So wier dat, as ick vör poor Johr in Käppen Reinemuth sien Hus buten in Brämen-Lesum in de groot Stuw seet — dunn läwte Käppen Reinemuth noch. Näben em Käppen Carsten Rosenhagen, de noch in'n Iersten Krieg mit de urolle wacklig Bark „Tinto" von Chile üm de Hurn bät na Nurwägen sägelt is. Denn Käppen Wiemann, de uns von sien ierst Wiehnachten up See vertellen wull — 1928 up de Viermastbark „Priwall". Käppen Wiemann kreeg iersteins sien Grogglas hoch, nehm dor'n dägten Sluck ut, sett'te dat Glas sinnig wedder dal un füng an:

„An'n 22. Dezember leepen wi ut, achter den Seeschlepper ‚Seefalke', de hüt in Bremerhaben in't Scheepfohrtmuseum liggt. Dat Wäder wier hart, un wi keemen för't ierst nich wieder as bät na dat Füerschipp ‚Elbe 3'. Dor güngen wi an'n Anker un täuwten up bäder Wäder. Öwer wi leegen an'n 23. Dezember ümmer noch bi't Füerschipp, an'n 24. morgens ok noch — un dor wull de Schlepper na Hus! Dat Wäder wier nich väl

bäder worden, öwer de Schlepper nehm uns wedder up den Haken, taute uns rut, an ‚Elbe I‘ vörbi mit Nurdwesten Kurs na de Nurdsee rut. Wi brukten in Lee ja väl Platz bi den Nurdwestenwind, de dor meist ümmer weiht üm disse Johrstiet. An'n Nameddag leet de ‚Seefalke‘ uns denn lopen, geew drei lang ut de Siren för gaude Reis — un denn wieren wi allein. De Wind würd noch stiewer dor buten, un ofschonst wi alle Sägels führen künnen, müßten wi in ein Tuhr halsen. De Dütsche Bucht is man eng, un wi müßten klorkamen von Land. Dat wier'n hart Stück Arbeit för uns alltausamen, un sünnerlich för mi. Ick makte dunn, 1928, mien ierst Reis as Matros.
Gewiß, Wiehnachten wier. Öwer wat wi dorför von tauhus mitkrägen harren, Paketen un so, dat packten wi gor nich ierst ut. Nee, wi güngen tau Koje so gau as dat man güng, nadäm uns Friewach anfungen harr. Dat wier ok man gaud! Wohrte nich lang, gägen Middennacht hen, dor reepen se all: ‚Beide Wachen an Deck!‘ Ut unsen Hilligabend würr nix, liekers wi, wat dunn nich oft passieren deed, 'n echten Dannenboom an Burd harren. Öwer wi müßten Sägel bargen in de Hillig Nacht, un dat bannig fix! De Storm wier ümmer harder worden, weihte all as Orkan — un de iersten Sägels flögen uns weg. De ganze Nacht dörch güng dat mit alle twei Wachen. Dat wier pickendüster, un wi makten ein Sägel na dat anner fast — mit Fingers, de dat Blaut unner de Nagels tau stahn harren. As wi dor denn mit klor

wieren, müßten wi ok noch'n nieges Grootroyal-Sägel rupbringen, un de Royal-Rahen leegen 55 Meter hoch. De poor flutterig Lappens, de von dat olle Grootroyal noch stünnen, müßten öwer ierst dal, denn keem dat niege Sägel rup. All dat würd bi pottendüster Nacht makt — in'n dicksten Orkan — un in de Hillig Nacht! De Ierst Fierdag keem, man dat würd nich anners. So eng as dat Fohrwader in de Dütsche Bucht is, harren wi dat ein Manöver knapp achter uns, dor keem dat neegst all. Dat güng denn ok so wieder: de ganze Nacht dörch — an'n Tweiten Fierdag ok noch Dag un Nacht — ierst poor Daag later keemen wi ut de natten un ieskollen Klamotten rut."
Käppen Wiemann kreeg sien Grogglas wedder her, dreihte dat son bäten in't Licht un säd: „Dat wier uns Wiehnachten 1928! För sowat brukten wi dunn gor nich üm de Hurn, dat künn ein in de Dütsche Bucht all hebben. In de Shanties, de ja hüt öwerall so in Mod sünd, dor wier dat mit de christlich Seefohrt dunn ja woll miehr son Ort Sport. Öwer de, wecke dor hüt so schön von singen, de sünd dor meist woll nich bi wäst."
De Käppen wiwakte son bäten mit den Kopp un keek hoch: „Un doch, Lüüd, lat't uns'n Sluck drinken up de ollen Sägelschäp un de Lüüd, de dorup führt hebben — un sünnerlich up mien oll ‚Priwall' un ehr Crew!"
Denn böhrte Käppen Wiemann sien Glas hoch, un wi deeden em all drei Antwurt.

FRÄUHER .....

Franz Nissen is anners 'n Minsch, wo ein gaud mit ümgahn kann. Öwer he hett dat man einmal mit de ollen Tieden — nee, he harr dat dormit! „Fräuher" wier sien drüdd Wurt. Fräuher wier alls bäder as hüt. De Minschen harren miehr Sinn för einanner — de Luft wier bäder, dat Wader ok — un de oll Technik regierte uns noch nich ... Gewiß, dor is wat an, dit un dat wier woraftig dunn bäder. Öwer ganz so gaud, as väle Lüüd dat hüt ümmer seggen, wier de olle Tiet nu ja ok wedder nich. Un denn: wi wieren Kinner orrer jung Lüüd, un för de süht dat Läben sowieso heller un lichter ut. De laten de Muskeln spälen un willen dat Läben woll unnerkriegen — wenn se nich jüst an de leegst Krankheit von de jungen Lüüd lieden: an unglüklich Leiw. Öwer anners, seggen väle Minschen un seggt sünnerlich Franz Nissen, anners wier dunn alls bäder! Kort vör Wiehnachten seeten wi wedder eins mit Franz tausamen. De Lichter an den Adventskranz brennten, de Schadden spälten üm Globus un Blaumenkasten in de Eck, un up den Disch stünn'n gauden Buddel Wien. Wi klönten öwer dit un dat — un upmal wier't passiert! Franz kreeg dat mit de ollen Tieden, de so gaud wäst wieren. Ick frög em, wat em denn nu hüt un dissen Dag bi uns fählen deed, wo wi doch so kommodig tausamenseeten un eigens doch allens harren, wat wi uns man wünschen künnen.

Dor föl Franz ierst nich recht wat tau in. Denn öwer besünn he sick dor up, dat de ganze Vörwiehnachtsstimmung fräuher väl — na, väl dichter wäst wier, as he säd. Dat wier alls väl ruhiger, meinte he, un doch spälte so väl achter de Kulissen. Wi harren sülben lütt Geschenken trechtklütert för uns Öllern un Frünnen, un hüt ward alls köfft. De Appel künnen wi noch äten, ahn se aftauwaschen, un de Appelsinen harren nich na Chemie stunken. Ja, sogor de Päpernöt harren bäder smeckt as hüt, sünnerlich de brunen, mit ehr echte Gewürzen.
Dor nehm mien Fru sick ein von ehr sülwstbackten brunen Päpernöt, lähnte sick in ehren Stauhl trüch un füng nu sülben an tau vertellen:
„Väl is gewiß wohr von dat, wat du seggst, Franz“, nickköppte se, „un sünnerlich in de Vörwiehnachtstiet mag dat noch miehr upfallen. Öwer nu will ick di mal'n eigen Beläwnis ut de gaude olle Tiet vörstellen. Ick wier dunn sowat bi söß Johr, un dat wier na de Inflatschon. Kein Minsch harr Geld, un de miehrsten nich mal Arbeit. Mien Vadder seet as Polsterer tauminnst in sien lütt Warkstäd. Öwer wer leet sick dunn all Polsterstäuhl maken? Orrer gor'n Chaiselong? Liekers keemen wi grad so dörch. Dat billigst Gemüs müßt dat daun un de einfachst Blautwust. Ick kreeg woll meist gaud Bodder up dat Brot, Vadder un Mudder öwer müßten mit Margerine utkamen. Af un an kreeg Vadder mal'n Büx un Mudder'n Blus — anners wier kein Penning

öwer. Achter all disse Taustännen bün ick denn öwer ierst Johren later achterkamen.
Denn keem Wiehnachten ran. Ick glöwte noch an den Wiehnachtsmann un freugte mi up dat Fest un up de Geschenken, up den Dannenboom un dat wi maleins alltausamen den ganzen Abend tausamensitten künnen. Öwer as Hilligabend dor wier, stünn kein Wiehnachtsboom in de Stuw, un keinein harr Tiet för mi. Mudder neihte för Gewalt Gardinen, un Vadder künn ok keinen Ogenblick Paus maken. Bät an'n laten Abend müßt he ein Sofa farig un afleewert hebben. Ick seet in de Eck mit Tranen in de Ogen un harr mien oll Popp in den Arm. Denn keem Mudder, harr'n Zädel in de Hand un läste em mi vör: ‚Deit mi leed, öwer ick kann morgen ierst kamen. Heff tau väl tau daun. Gräuten — de Wiehnachtsmann.'
Mudder streek mi noch öwer den Kopp un sett'te sick wedder an de Neihmaschin. Ick güng tau Bett un rohrte mi in Slaap.
Väl later kreeg ick denn tau weiten: Vadder un Mudder harren bät Klock teihn neiht un polstert, un denn bröchten se alls noch mit unsen Platenwagen dörch de Hillig Nacht hen na den Kunden. Dor kreegen se denn föftig Mark. Vadder is furs an'n neegsten Morgen na den Ledderkoopmann gahn, wo he ok för arbeiten deed un hett dor'n Schaultornüster för mi köfft. Ut brun Ledder. Un'n Griffelkasten tau, in den sien Deckel bunte Blaumen inbrennt wieren. Dat kreeg ick denn an'n Iersten Fierdag tau Wiehnachten.

Wier schön, gewiß. Ick heff mi den Tornüster ok furs up den Puckel bunnen. Man ick weit hüt noch, dat ick mi so recht in mien Hart dor nich miehr tau freugen künn. Dat hebben mien Öllern öwer gor nich markt, so mäud as se wieren.
Süh, Franz“, keek mien Fru up, „dat hürt ok tau de gaude olle Tiet!“
Franz Nissen harr mien Fru mit nadenkern Ogen tauhürt. As se utvertellt harr, greep he langsam na sien Wienglas, böhrte dat hoch un drünk mien Fru tau, ahn dat he ein Wurt säd. Un siet de Tiet räd’t Franz lang nich miehr so väl von de gaude olle Tiet.

DE NIKOLAUS-KLOCK

Ümmer, wenn wedder Nikolaus-Dag is, denn möt ick trüchdenken in mien Kinnertiet — an einen Nikolausdag, den ick nie nich vergäten warr. Ick wier dunn twölw Johr olt un mien Brauder acht — un se harren mienen Vadder in'n November sien Gehalt höger sett't — he wier ja bi de Iesenbahn. Dor wier mien oll Herr denn mit mien Mudder öwerein kamen: ditmal süll dat ganz dull wat tau'n Nikolaus gäben för uns beiden Jungs. Un so keem dat denn ok: dat wier an'n Morgen von den sößten Dezember nägenteihnhunnerttweiundörtig, dor fünnen wi beid, mien Brauder un ick, jeder in sienen Stäwel up't Finsterbrett — 'ne niege Taschenklock! Kein ut Gold, nee, jonich — dat wier son dicke vernickelt Räuw, de dunn sowat bi fief Mark kosten deed — un von de weck hüt den Dag noch bäder lopen as de niemodschen Dinger, wo ein knapp up seihn kann, wo laat dat is. Wat hebben wi beid uns man blot freugt! Sünnerlich mien Brauder treckte alle twei Minuten sien Klock ut de Tasch un wunnerwarkte, wat de Tiet doch all wedder wiedergahn wier. Un denn frög he mien Öllern ümmer wedder, wat se nich weiten wullen, wo laat dat wier. Mien Mudder smustergriente man — öwer Vadding kreeg all bäten düster Ogen, indäm he in Rauh sien Zeitung läsen wull. Un denn harr he ok Bang, mien Brauder würd de niege Klock fallen laten. So würd denn bi lütten de Luft ümmer bäten dicker in uns Wahnung. Man mien Brauder markte dor nix von, he harr blot Ogen för sien niege Klock. Mudding öwer stüerte uns beid tau Vörsicht all tämlich fräuh na't Bett hen. Uns Stuw leeg ganz an't Enn von den Korridor — un de wier in uns Wahnung in'n Ribnitzer Bahnhoff sünnerlich lang. He wier mit düstergräun Linoleum utleggt un würd tau de Festdagen so blank bohnert as'n Speigel. Mien Mudding makte dor denn rein'n Iesbahn von — dor leet se sick nich rinräden. Un as wi nu mit Mudder un Vadder na uns Stuw hentreckten, dunn kreeg mien Brauder wedder sien Klock rut un frög mienen Vadder, wat de nich doch leiwer nochmal weiten wull, wo laat dat wier. Einmal sluckte mien Oll sienen Arger noch wedder dal — mien Mudder harr em de Hand up den Arm leggt. Öwer as mien Brauder denn vör de Dör von uns Stuw all wedder na sien Klock grabbeln deed, dor künn Vadder sick nich miehr hollen. He bölkte sienen Söhn an, de würd de feine niege Klock noch kaputtmaken — un iehrer Mudder twüschengahn künn, harr he mienen Brauder all ganz bannig einen an't Mul haut. De lütt Setter güng furs in de Knei un glitschte denn in vulle Fohrt up den Buk den langen, glatten, gräunen Korridor längs. He keem meist bät an de Dör von uns Wahnung — mien Öllern stünnen as fastbannt dor un keeken mit groot Ogen achter ehren Söhn her, de mit vull Kraft vörut man so hensuusen deed. Na fief, söß Meter würd mien Brauder wat sachter glitschen,

bleew denn liggen un schüddelte mit'n Kopp. Mien Mudder fägte man so na em hen — mien Vadder achterher — meist füng he ok an tau glitschen, künn jüst noch de Balangs hollen — ick wier all in uns Stuw un keek man blot noch dörch de Dörritz. Näben mienen Brauder seeten mien Öllern in de Huk, mit bleike Gesichter — öwer ehren Söhn wier nix wieder passiert, as dat sien Back dor füerrot anleep, wo Vadder em drapen harr. Man blot de schöne niege Nikolaus-Klock in mien Brauder sien Tasch vörn in de halwlang Büx, up wecke he de ganze lange Reis dörch den Korridor makt harr — de Klock wier entwei un ganz un gor nich miehr tau bruken!
An'n neegsten Vörmeddag güng mien Vadder na'n Goldsmitt un tuuschte de beiden Manschettenknööp ut Sülwer, de Mudder em tau'n Nikolaus schenkt harr, gägen'n Taschenklock ut Nickel üm. De leeg denn bi't Meddagäten up den Platz von mienen Brauder ...
Laterhen hett de oll Herr mi denn maleins vertellt, dat wier alls gor nich so leeg wäst. De ollen Manschettenknööp wieren dägt noch gaud wäst — un denn griente he un säd ganz liesing, för em wier bi disse Gelägenheit ok noch'n gaud Buddel Wien bi rutsprungen, wo Mudder gor nich achterkamen wier. Ick kann man seggen: He wier'n dullen Kierl, mien Vadder!

JUL-KARTÜFFELN

Dat wier an den Iersten Wiehnachtsdag, un ick seet mit mien Fru bi't Meddagäten. Geew dicke Rippen, de mag ick so giern. As ick mi noch poor Kartüffeln nehm, smustergriente mien Fru upmal: „Du, ick denk jüst an uns swedsche Wiehnachtskartüffeln . . ." Dor müßt ick lachen: „Holl blot up von de zackermentschen Tüffeln, Diern!"

Is'n ganz verdreiht Geschicht un all lang her, meist föftig Johr. Dunn harren wi de Währungsreform na den Krieg noch nich hatt. Tau köpen geew dat meist nix, dat Geld harr keinen Wiert — un tau äten harren wi grad so väl, dat wi nich verhungern deeden. Af un an kreeg ein vilicht mal wat achterrüm, un dat wier denn 'n Festdag. Anners bleew dat bi gäles Maisbrot mit brun Maismus babenup, Gräuntüg ut den Gorden, mäglichst ut den eigen, un Mählsupp. Dat wat hüt „Gewichtsprobleme" heit, kennten wi dunn nich — un'n Pund Kartüffeln öwerher wier miehr wiert as'n Lottogewinn.

Ick slög mi in de Johren as privaten Engelschliehrer un Dolmetscher dörch. Mit dat Öwersetten von Breiw ut Amerika künn ick mi näbenher ok woll mal bäten wat tau äten besorgen. So harr ick in de Wäken vör Wiehnachten poor Kartüffeln un tauletzt gor noch 'n Stück Swiensbraden un'n half Pund Bodder tausamenraken künnt. Denn keem äben vör't Fest ok noch'n Paket ut Engelland, wo

ok Kaffe un Puddingpulver un poor Tüten Vanillepulver in wieren. Dormit hürten wi tau de rieken Lüüd, un uns leep all vör Wiehnachten ümmer wedder dat Wader achter de Tähnen tausamen, wenn wi uns dat Festäten vörstellen deeden, wat an den Iersten Fierdag stiegen süll.
Denn keem de grote Dag! Up de Bunten Töller tau Hilligabend wier nich väl upwäst, up de Maisbrotsnäden tau Fräuhstück ok man so dünn Bodder, dat wi dat gäle Brot dor gaud dörch seihn künnen. So harren wi den rechten Smacht för unsen Swiensbraden, un mien Fru wier ok all an't Smurgeln. Dat rök dörch de ganze Wahnung na Bradensoß — un wenn ick mal äben in de Kök rinkeek, denn seeg ick de Kartüffeln so mastig in ehren Pott liggen un mien Fru mit so väl inner Freud den Braden begeiten. Bät se mi ut de Kök rutjagen deed un ick mi mit'n Bauk in de gaude Stuw sett'te. Ick weit hüt noch nich, wat ick dunn läst heff. Uns Dochter wier bi ehr lütt Fründin, un so seet ick still un allein in de Stuw un freugte mi up den Braden.
Meddagstiet keem ran, un ick höl all'n ganze Tiet unscheniert de Näs in de Luft. Dor gillte dat upmal dörch de Wahnung: mien Fru schreeg as son Schippssiren. Ick fägte hoch, rönnte as'n Mallen na de Kök — un dor seeg ick dat Mallür! Dat Äten wier binah farig, de Bradensoß stünn up den Gaskoker tau blubbern — un dornäben, up den Törfkasten, harr mien Fru de Pött mit den nakten Braden un de gorkokten Kartüffeln

afstellt. As se denn de Vanillesoß farigmaken wull, wier de Pott mit de gäle Soß wegrutscht un ümkippt, un de ganze säute Soß wier in de beiden Pött mit Braden un Kartüffeln lannt!
Iehrer ick wat seggen künn, harr mien Fru all'n natten Lappen in de Hand. Ick kreeg ok einen, un denn hebben wi beid dat Fleisch un de Kartüffeln afwascht un drögwischt. Bi den Braden glückte dat ok sowiet. De Vanillesoß güng dor binah ganz von af. Öwer an de Kartüffeln wier nix miehr tau maken. De harren sick ganz un gor vullsagen mit de säute Vanillesoß! Wat nu? In de Tiet dunn smeet kein Minsch Kartüffeln weg, un wi harren uns dor ja ok so up freugt. So richt'te mien Fru mit düster Ogen dat Äten an un stellte alls up den Disch in de Stuw trecht. As uns Dochter denn na Hus keem, geew dat uns Festäten. Blot so recht vergnäugt wieren wi an'n Disch all drei nich.
Braden un Soß wieren ja ganz gaud tau äten, wenn de Braden denn ok son bäten sünnerlich Gewürz harr. Öwer Kartüffeln mit Vanillesoß, dat is woraftig ein apartig Äten. Un uns Dochter harr ehr leiwe Last, dat se de wegkaut kreeg. Naher geew dat denn ja Pudding, gewiß — öwer dor wier nich mal Vanillesoß bi.
As wi afäten harren, säd uns Dochter: „Bäten gediegen hebben de Kartüffeln ja smeckt." Dor müßt wat tau seggt warden, un so nickköppte ick: „Dat wieren ok swedsche!" Un mien Fru nehm den Faden furs up: „Ja, de heiten dor Jul-Kartüffeln, sünd bäten säut, un de giwt dat in Sweden,

tauminnst in’n hogen Nurden, ümmer tau Wiehnachten. Is’n ganz olles Rezept.“ Dit imponierte Döchting nu wedder bannig. So väl as ick denn hürt heff, is se na de Ferien in de Schaul dor ganz groot mit rutkamen. Kein ein von de annern Dierns in ehr Klaß harr ja doch Jul-Kartüffeln tau Wiehnachten hatt — un uns Dochter künn sick dor gor nich genaug mit daun, wat de swedschen Kartüffeln doch so wunnerbor munnt harren.
Anner Johr frög Döchting in de Adventen ehr Mudder, wat dat ok wedder Jul-Kartüffeln tau’t Fest geew. Öwer as dat Läben so spält: bi dat groot Reinmaken wier dat olle swedsch Rezept verschütt gahn, säd mien Fru — un so hett dat bi uns denn ok nie nich wedder swedsche Jul-Kartüffeln gäben.

APPELSINEN

In de Wiehnachtstiet seih ick ümmer wedder vör mi den griesen Bahnhoff von de lütt meckelborgsch Habenstadt Ribnitz, wo wi dunn in wahnen deeden. Denn kümmt mi wedder vör Ogen, woans wi Kinner, mien Brauder un ick, Julklapp smeeten. Lütt sülwstbastelt Geschenken för Vadder un Mudder harren wi teihn-, ja, twinnigmal inwickelt un taubunden, in'n Pappkarton stoppt un denn dat groot Paket in de gaude Stuw smäten. Uns Öllern harren dat alls utwickelt un sick ümmer wedder so dull verwunnern müßt. Dorna seeten wi denn all vier näben den Dannenboom, üm uns de Bunten Töllers mit Appel un Nöten, un wieren gor poor Walnöt bi. Mudder müßt ümmer wedder de gräsigen lütten Kunstsiedendecken bewunnern, wo wi farbig Blaumen ut spitzig Tüten rupsprütt't harren. Dor keem denn son Ort Goldpuder öwerhen, mit'n dünnen Pinsel würd dat makt, geew öwer ok „Brillantstaub", de denn in't Lampenlicht schämern deed. Vadding rookte sien Wiehnachtszigarr för föfteihn Penning un harr maleins orrnlich Tiet för uns Bengels. Mien Brauder un ick öwer, wi harren Appelsinen krägen! Rejelle Appelsinen — un jeder ein för sick ganz allein! Sowat geew dat man blots tau Wiehnachten. Vadder wier'n lütten Iesenbahner, un he müßt ok noch'n Börgschaft för sienen Brauder afbetahlen, wecke he mit sien gaudes Hart öwernahmen harr. Mudder wier eigens ümmer bäten krank — na, un wi beiden Bengels unbannig un wedderdänsch. Öwer eigens nie nich tau Wiehnachten, wat mi hüt noch gediegen vörkümmt ...

Öwer all son Gedanken harren wi dunn nich. Wi harren ja ok genaug mit uns Appelsinen tau daun! Mit'n spitzig Metz würd de Pell insnäden, wo ja noch kein Gift upseet. Denn würd de Schill aftreckt, un dorna nehmen wi den gälen Ball mit kralle Ogen uteinanner, ganz sinnig, Stück för Stück, dat ok nich ein Druppen weglopen künn. Poor Stücken eeten wi furs, anner würden ierst-eins trüchleggt up den Töller. Dat wier wat, son Appelsin, sünnerlich in de Tiet dunn! Wo se ja ok noch ganz ut Spanien keem — orrer gor ut Palästina, dat Hillig Land!

Laterhen müßten wi denn dörch de Nazitiet un den Krieg, mit alls, wat dor noch achterherkeem — un dörch de Johren, in wecke ick mit Fru un Dochter in't Ollenborger Land seet un nich rinnerdörft na Meckelborg.

Öwer ick harr in dat stille Land an de Nurdsee Hüsung funnen. Tau Wiehnachten kreeg ick denn dorhen Päpernöt von Bäcker Speer ut Ribnitz schickt! Tausamen mit poor Twieg' von den groten Dannenboom ut mienen Fründ Ernst-Adolf sienen Gorden in Ostseebad Dierhagen.

Denn keem de Wend', un Meckelborg wier upmal nich miehr Butenland för uns. Wiehnachten 1989 wier ick wedder „dröben", as ein dunn noch säd. Nu giwt dat kein Grenzen miehr in Dütschland, un alls is wedder tau kriegen, öwerall in uns Land. Tauminnst för den, de Geld hett un Arbeit. Liekers: wenn ein väl kriegen kann, denn will he ümmer noch miehr hebben. Un so geiht dat nu ok all väle Lüüd in de niegen Länner, wecke eigens ja de ollen sünd. Dorbi würd uns all dat doch so gaud anstahn — wat wi nu in Meckelborg, in Ollenborg orrer in Bayern wahnen — wenn wi uns wedder bäten miehr besinnen deeden up dat, wat wäst is un wat licht mal eins wedderkamen kann. Dat würd uns gaud daun, mein ick, wenn wi de Tieden nich vergäten, in de wi uns dat ganze Johr up'n Appelsin freugen deeden. Vilicht warden wi denn ok wedder gewohr, dat wi Minschen alltausamen in't Letzt man ganz, ganz lütting sünd — sünnerlich vör dat gröttst Wunner, wat dat up disse Ierd öwerhaupt gäben hett. Ick mein dat Wiehnachtswunner, wat nich in ein grootmächtig Königsslott passiert is — nee, in einen lütten kläterigen Veihstall in Bethlehem.

INHALT

Plattdeutsche Bücher aus unserem Verlagsprogramm

Udo Bielenberg/Hermann Levsen: Ick un du un all de annern ...
Leute in unserer Zeit

Udo Bielenberg/Hermann Levsen: Ut Pütt un Pann
Vertellen von Eten un Drinken

Udo Bielenberg/Hermann Levsen: Wachtmeister Schütt op Spitzbovenfang
Udo Bielenberg/Hermann Levsen: Wachtmeister Schütt op hitte Spoor
Kriminolgeschichten op Platt

Udo Bielenberg/Hermann Levsen: Wenn een op Reisen geiht ...
Menschen unterwegs

Hein Blomberg: Ut Schiet Geld moken
Ut de Tied, wo Arbeit groot un Geld lütt schreeben wür

Ivo Braak vertellt Döntjes
Ivo Braak vertellt Geschichen von Stadt un Land
Ivo Braak vertellt noch mal Geschichen von Stadt un Land
Ivo Braak vertellt von fröher
Ivo Braak vertellt gediegene Geschichen

Hans Bunje: Nix as Undög!
Bannig bösardige Geschichten

Eckart Ehlers: Lüüd, höört mal to!
Andachten aus der NDR-Sendereihe: „Plattdeutsche Morgenansprache"

Joachim Grabbe: Ach, du leve Tiet!
Lütte Geschichten to'n Smuustergrienen

Günter Harte vertellt
Geschichten aus der NDR-Sendereihe: „Hör mal'n beten to"

Günter Harte: Loot di nich for dumm verkeupen!
Plaudereien aus dem „Hamburger Abendblatt" und NDR

Irma Hebbeln: Glööv mi, Geld stinkt nich!
De Lüüd 'n beten in't Hart keken

Heidi Kabel: Snack mol'n beten Platt!
Plattdüütsch Leesbook

Hilda Kühl: Lütte Klooksnackers
Spaßig Verteiln

Hilda Kühl: Wat de Göörn so seggt ...
Kinnermund

Gerd Lüpke: Von Lüüd un Minschen
Achtersinnig Geschichten ut uns Tiet

Gerd Lüpke: Wunnerlich Wiehnachten
Lütt Geschichten üm dat groot Fest

Kurt Lütjohann: Wo kann't bloot angahn!
Allns wohre Beleevnisse

Achim Schlufter: Wat geiht mi dat an!
Peter Petersens Geschichten ut Möhlenhusen

Achim Schlufter: Peter Petersen siene Stories
Wat geiht mi dat an!

Achim Schlufter: Wüllt wi dat mol so seggen!
Peter Petersen höögt sik een!

Ilse Seemann: Lat mi an Land, Karlheinz!
Alltagsärger und Alltagsvergnügen

Karin Seifert vertellt „Hör mal'n beten to"-Geschichten

Karin Seifert: Schall ick Se mal wat seggen ...
Geschichten aus der NDR-Sendereihe: „Hör mal'n beten to"

Rainer Thun: Himmel un Höll
Beiträge aus der RSH-Sendereihe: „Un nu kummst du ...!"

Verlag Michael Jung

Postfach 2604, 24025 Kiel